빅데이터 시대에 10대가 꼭 알아야 할

논어

온고지신 시리즈

빅데이터 시대에 10대가 꼭 알아야 할

논어

초판 인쇄일	2024년 11월 22일
초판 발행일	2024년 12월 10일

지은이	공 자
옮긴이	유 진
펴낸이	김순일
펴낸곳	주니어미래
신고번호	제2024-000016호
주소	경기도 고양시 덕양구 삼송로 222, 현대헤리엇 업무시설동(101동) 301호
전화	02-715-4507
팩스	02-713-4805
이메일	mirae715@hanmail.net
홈페이지	www.miraepub.co.kr
블로그	blog.naver.com/miraepub

ISBN 978-89-7299-579-1 (44140)
ISBN 978-89-7299-565-4(세트)

주니어미래는 미래문화사의 청소년 브랜드입니다.

온고지신 시리즈

빅데이터 시대에 10대가 꼭 알아야 할

논어

공자 지음 | 유진 옮김

주니어
미래

어떻게 살아야 할지 모르겠다면

　예로부터 우리나라에는 인人과 덕德을 중요시하는 풍습이 있었습니다. 그러나 빠르게 변화하는 오늘날의 사회를 쫓아가느라 우리 문화의 근간이라 할 수 있는 올바른 인성과 도덕적 관념이 결여된 채살고 있고, 그로 인해 수많은 사회 문제가 야기되고 있습니다. 정신적 풍요가 행복의 시금석이라는 것을 잊어 가고 있는 것이지요.

　도덕과 윤리를 근간으로 한, 동양사상과 철학의 어머니라 할 수있는 《논어》는 공자가 세상을 떠난 후 그의 제자들이 묶은 책입니다. 공자의 말, 공자와 제자들이 주고받았던 대화, 공자와 당시 사람들과의 대화, 제자들의 말, 제자들 간의 대화 등으로 구성되어 있고, 공자라는 인물의 사상과 행동을 보여 주는 데 초점이 맞추어져 있습니다.

　기본적으로 공자의 어록에 가까운 《논어》는 동양의 정서를 보여주는 학문의 근원이자 출발로, 2,500년을 넘어 오늘에 이르기까지동양인에게 정신적 스승의 역할을 해왔습니다. 그래서 아직도 많은이들이 인생의 이치를 깨우치게 해주는 인생의 수양서로 《논어》를읽는 것입니다.

　공자는 석가모니, 예수와 더불어 세계 3대 성인으로 꼽힙니다. 공자의 《논어》는 인본주의 사상을 기본 이념으로 인생을 보람되고 아름답게 살도록 이끌어 주는 길라잡이입니다. 그리고 이 책은 미래를 준비하느라 하루하루 치열하게 살아가고 있는 청소들에게 어떻게 사는 것이 진정 행복한 삶이고, 성공적인 삶인가에 대한 깨달음을 줍니다.

공자는 역사상 가장 혼란스러웠던 시기라고 평가되는 춘추전국시대를 살았던 인물입니다. 그는 세 살에 아버지를 여의고 열일곱 살에 어머니마저 잃었습니다. 먹고살기 위해 온갖 일을 다 해야 했지만, 열다섯에 배움에 뜻을 두었고 독학으로 학문을 깨우칩니다. 훗날 수많은 제자를 거느리고 권력자들이 찾아와 조언을 구하는 인물이 되어서도 공자는 인간의 진실에 대한 탐구를 멈추지 않았습니다.

《논어》에는 어디로 나가야 할지 한 치 앞도 보이지 않던 그 혼란스러운 시대를 살면서 공자가 체득한 삶의 지혜가 담겨 있습니다. 앞으로 어떻게 살아야 할지, 무엇이 진정한 행복인지 고민하고 있다면, 10대 청소년들이 이 책을 통하여 과거 선인들의 삶 속에서 행복의 해답을 찾고 진정한 행복의 요건을 깨달아 진취적이고 긍정적인, 굳건한 자기 마인드를 찾기를 바랍니다.

유진

제12편 안연 顏淵

자신을 이기고 예로 돌아가라

제13편 자로 子路

가까운 이는 기쁘게, 멀리 있는 이는 찾아오게

바른 길을 따를 뿐 고집하지 않는다 · 310 | 가르침에는 구별이 없다 · 310 | 뜻이 다르면 함께 도모하지 말라 · 311 | 뜻이 전달되면 그것으로 족하다 · 311

제 **1** 편

학이 學而
배우고 익히면
즐겁지 아니한가

《논어》의 첫 편으로
학문을 배우는 사람이 힘써야 할 덕목에 관해 말하고 있습니다.
학문은 곧 도에 들어가는 첫 관문이며, 덕을 쌓는 근본이므로
공자는 모르는 것을 부끄럽게 여기지 말고,
깨달은 사람을 찾아가 바르게 배우고 천도를 실천하라고 강조합니다.

빅데이터 시대에 10대가 꼭 알아야 할
논어

배우고 익히면
즐겁지 아니한가 🐼

공자께서 말씀하셨다.

"배우고 때때로 익히니 또한 기쁘지 않으냐?

뜻을 같이 하는 친구가 멀리서 찾아오니 또한 즐겁지 않으냐?

남들이 나를 알아주지 않아도 노여워하지 않으니

참으로 군자가 아니겠느냐?"

子曰: "學而時習之, 不亦說乎? 有朋自遠方來, 不亦樂乎?
자 왈　　학 이 시 습 지　불 역 열 호　　유 붕 자 원 방 래　불 역 락 호

人不知而不慍, 不亦君子乎?"
인 부 지 이 불 온　불 역 군 자 호

입신의 근본 🐼

유자가 말하였다.

"부모에게 효도하고 웃어른을 공경하면서

윗사람의 마음을 거스르기 좋아하는 사람은 드물다.

윗사람의 마음을 거스르지 않으면서

질서를 어지럽히길 좋아하는 사람은 아직까지 없었다.

군자는 근본에 힘써야 하니 근본이 서야 도가 생긴다.

효도와 공경이 바로 인을 이루는 근본이다."

有子曰: "其爲人也孝弟, 而好犯上者, 鮮矣. 不好犯上,
유 자 왈   기 위 인 야 효 제   이 호 범 상 자   선 의   불 호 범 상

而好作亂者, 未之有也. 君子務本, 本立而道生, 孝弟也者,
이 호 작 란 자   미 지 유 야   군 자 무 본   본 립 이 도 생   효 제 야 자

其爲仁之本與!"
기 위 인 지 본 여

🎧 해설

인仁은 공자 사상의 핵심으로 남을 사랑하는 덕행이라는 뜻입니다. 사람은 하늘로부터 착한 성품을 받아 지니고 있는데, 그 착한 성품의 기본이 곧 인심仁心입니다. 인은 인심을 바탕으로 모든 사람과 자연 만물을 사랑하고 키워 주는 인덕仁德의 핵심입니다. 인은 인간 사회에서 윤리 도덕의 핵심이 되고, 자연 세계에서는 만물을 키우는 사랑의 핵심이 됩니다.

교언영색에 속지 말라

공자께서 말씀하셨다.
"말을 잘 꾸미고 얼굴빛을 곱게 꾸미는 사람들 중에는
어진 이가 드물다."

子曰: "巧言令色, 鮮矣仁."
자 왈　　교 언 영 색　선 의 인

해설

　사람을 사귈 때 아첨과 아부, 그리고 사람을 홀리는 미색을 경계하라는
내용입니다. 남에게 환심을 사기 위해 말만 번지르르하게 꾸며 대고 진정
성도 없이 남의 비위만 맞추는 사람치고 진실한 사람은 적다는 뜻이지요.

세 가지 반성 🐼

증자가 말하였다.

"나는 날마다 세 가지 일에 대하여 자신을 반성한다.

남을 위해 일을 도모하면서 마음을 다하지 못한 것은 없었는가?

친구와 사귐에 있어 신의를 저버린 일은 없었는가?

배운 것을 제대로 익히지 못한 것은 없었는가?"

曾子曰: "吾日三省吾身, 爲人謀而不忠乎? 與朋友交而不信乎?
증 자 왈   오 일 삼 성 오 신   위 인 모 이 불 충 호   여 붕 우 교 이 불 신 호

傳不習乎?
전 불 습 호

해설

자기반성은 수양과 인격 도야의 바탕입니다. 사람은 누구나 허물이 있고, 실수도 할 수 있습니다. 중요한 것은 실수나 허물을 깊이 반성하고 두 번 다시 되풀이하지 않는 것입니다.

나라를 다스릴 때는 🐼

공자께서 말씀하셨다.
"나라를 다스릴 때는 일을 신중하게 처리하여
백성들의 신뢰를 얻어야 하며,
씀씀이를 절약하고 인재를 아껴야 하며,
백성들을 동원할 때는 적절한 시기를 가려서 해야 한다."

子曰:"道千乘之國, 敬事而信, 節用而愛人, 使民以時."
자 왈　도 천 승 지 국　경 사 이 신　절 용 이 애 인　사 민 이 시

해설

　위정자들은 백성의 신뢰를 잃어서는 안 되고, 세금을 함부로 거두지 말아야 하며, 바쁜 농사철에 백성을 강제로 부역에 동원하지 말아야 한다는 내용을 담고 있습니다. 이는 공자가 생각하는 도덕 정치의 목표였습니다.

사람됨을 갖춘 뒤에 학문을 닦아라 🐼

공자께서 말씀하셨다.
"젊은이들은 집에 들어가서는 부모에게 효도하고
밖에 나와서는 어른들에게 공손하며,
언행을 성실하고 미덥게 해야 한다.
널리 사람들을 사랑하되
특히 인덕 있는 사람들과 가까이 지내야 한다.
이렇게 행하고도 남는 힘이 있으면
그 힘으로 글을 배우는 것이다."

子曰: "弟子入則孝, 出則弟, 謹而信, 汎愛衆而親仁. 行有餘力,
자 왈　　제 자 입 즉 효　출 즉 제　근 이 신　범 애 중 이 친 인　행 유 여 력
則以學文."
즉 이 학 문

진정 배운 사람 🐼

자하가 말하였다.
"어진 사람을 어질게 여기는 것을 미인을 좋아하듯이 하고,
부모를 섬김에 있어 자신의 힘을 다하며,
임금을 섬김에 있어 자신의 몸을 바칠 줄 알며,
벗과 사귐에 있어 언행에 믿음이 있다면
비록 배운 게 없다 할지라도
나는 그를 일러 배운 사람이라 할 것이다."

子夏曰: "賢賢易色, 事父母能竭其力, 事君能致其身, 與朋友交,
자 하 왈　　현 현 역 색　사 부 모 능 갈 기 력　사 군 능 치 기 신　여 붕 우 교
言而有信, 雖曰未學, 吾必謂之學矣."
언 이 유 신　수 왈 미 학　오 필 위 지 학 의

군자의 덕목 🐼

공자께서 말씀하셨다.
"군자가 신중하지 않으면 위엄이 없고
학문도 견고함이 없다.
충성과 신의를 지키며,
자기보다 못한 사람을 벗으로 사귀지 않아야 하고,
허물이 있으면 고치기를 꺼리지 말아야 한다."

子曰: "君子不重則不威, 學則不固. 主忠信, 無友不如己者,
자 왈   군 자 부 중 즉 불 위   학 즉 불 고   주 충 신   무 우 불 여 기 자
過則勿憚改."
과 즉 물 탄 개

아랫사람을 잘 다스리려면
윗사람부터 모실 줄 알아야 한다

증자가 말하였다.
"부모의 장례를 엄숙히 치르고
조상의 제사를 정성스럽게 잘 받들면
백성들의 덕이 한결 두터워질 것이다."

曾子曰: "愼終追遠, 民德歸厚矣."
증 자 왈   신 종 추 원   민 덕 귀 후 의

공자가 말하는 정치 🐼

자금이 자공에게 물었다.

"선생님(공자)께서는 어느 나라에 가시든지 그 나라 임금으로부터 정치에 관한 이야기를 듣게 되시는데, 그것은 선생님께서 먼저 요청하신 것입니까? 그 나라에서 자발적으로 자문을 구하는 것입니까?"

자공이 말하였다.

"선생님께서는 온화, 선량, 공손, 검소, 겸양의 인품으로 인하여 자연히 듣게 되는 것입니다. 선생님께서 정치에 관심을 갖는 것은 다른 사람들이 정치권력에 가까이 하고자 하는 것과 다릅니다."

子禽問於子貢曰:"夫子至於是邦也, 必聞其政, 求之與,
자 금 문 어 자 공 왈　　부 자 지 어 시 방 야　필 문 기 정　구 지 여

抑與之與?"子貢曰:"夫子溫良恭儉讓以得之. 夫子之求之也,
억 여 지 여　　　자 공 왈　　부 자 온 량 공 검 양 이 득 지　부 자 지 구 지 야

其諸異乎人之求之與!"
기 저 이 호 인 지 구 지 여

🔖 해설

공자는 학문과 덕행을 겸비한 군자들을 배양하고 그들을 현실 정치에 참여시킴으로써 인정仁政과 덕치德治를 실현하고자 했습니다. 그래서 공자는 여러 나라를 방문했고, 가는 곳마다 그 나라 임금과 정치에 대한 논의를 펼쳤습니다.

살아 계실 땐 뜻을, 돌아가신 뒤엔 행적을 🐼

공자께서 말씀하셨다.

"아버지가 살아 계실 땐 그 뜻을 살피고,

아버지가 돌아가신 뒤에는 그 행적을 살피며

3년 동안 아버지의 도를 고치지 않아야

효라 말할 수 있다."

子曰: "父在, 觀其志; 父沒, 觀其行; 三年無改於父之道,
자 왈   부 재 관 기 지   부 몰   관 기 행   삼 년 무 개 어 부 지 도

可謂孝矣."
가 위 효 의

예는 조화로워야 한다

유자가 말하였다.

"예를 이루는 데는 화합이 중요하다.

옛 왕들의 도는 이것을 아름답다고 여겨서,

작고 큰 일들에서 모두 이러한 이치를 따랐으나

그렇게 해도 세상에서 통하지 못하는 경우가 있다.

화합을 이루는 것이 좋은 줄 알고 화합을 이루되,

예로써 절제하지 않는다면 또한 세상에서 통하지 못하는 것이다."

有子曰: "禮之用, 和爲貴. 先王之道, 斯爲美, 小大由之.
유 자 왈　　예 지 용　화 위 귀　선 왕 지 도　사 위 미　소 대 유 지

有所不行, 知和而和, 不以禮節之, 亦不可行也."
유 소 불 행　지 화 이 화　불 이 례 절 지　역 불 가 행 야

공손이 지나치면 비굴해 보인다

유자가 말하였다.

"약속한 것이 의로움에 가깝다면 그 말을 실천할 수 있고
남을 공경하되 예에 가까워야 치욕스런 일을 당하지 않을 것이다.
남을 의지하되 인을 잃지 않는 사람이라야
비로소 그를 존경하고 지도자로 삼을 수 있다."

有子曰: "信近於義, 言可復也. 恭近於禮, 遠恥辱也. 因不失其親,
유 자 왈   신 근 어 의 언 가 복 야 공 근 어 례 원 치 욕 야 인 불 실 기 친
亦可宗也."
역 가 종 야

해설

거짓이나 도리에 어긋나는 약속은 지켜질 수 없는 것입니다. 공손한 것
도 좋지만 그것이 지나치면 비굴하게 보여 수치를 당할 수 있으므로, 공
손함에도 절도를 지키는 것이 필요합니다.

배부름보다 배움을 좇아라 🐼

공자께서 말씀하셨다.

"군자는 배불리 먹기를 구하지 않고,

편안한 삶을 추구하지 않는다.

일을 민첩하게 하고 말을 신중히 하며

도를 좇아 바르게 해야 한다.

그래야 가히 배우기 좋아하는 사람이라 말할 수 있다."

子曰: "君子食無求飽, 居無求安, 敏於事而愼於言,
자 왈　 군 자 식 무 구 포　 거 무 구 안　 민 어 사 이 신 어 언

就有道而正焉, 可謂好學也已."
취 유 도 이 정 언　 가 위 호 학 야 이

가난하면서도 도를 즐기고, 부유하면서도 예를 좋아한다

자공이 말하였다.

"가난하면서도 남에게 아첨하지 않고
부유하면서도 교만하지 않으면 어떻겠습니까?"
공자께서 말씀하셨다.

"그 정도면 괜찮다. 그러나 가난하면서도 도를 즐기고,
부유하면서도 예를 좋아하는 사람만은 못하다."

子貢曰: "貧而無諂, 富而無驕, 何如?" 子曰: "可也. 未若貧而樂,
자 공 왈   빈 이 무 첨 부 이 무 교 하 여   자 왈   가 야 미 약 빈 이 락
富而好禮者也."
부 이 호 례 자 야

나를 알아주지 않는다고 걱정하기보다
남을 제대로 알지 못할까 걱정하라

공자께서 말씀하셨다.
"남이 나를 알아주지 않음을 걱정하지 말고
내가 남을 제대로 알지 못함을 걱정해야 한다."

子曰: "不患人之不己知, 患不知人也."
자 왈   불 환 인 지 불 기 지   환 부 지 인 야

해설

  학문은 자기 수양을 위해서 하는 것입니다. 설사 남이 나를 알아주지 않더라도 노여워하거나 불평해선 안 됩니다. 오히려 항상 나보다 현명하고 덕이 높은 사람을 찾고 그 사람에게 배우며 나 자신을 발전시켜야 합니다.

제 2 편

위 정 爲政
덕으로 다스려라

공자는 무릇 정치란 바르게 해야 한다고 말했습니다.
정치를 하는 사람들은 학문과 덕을 쌓고
자기 수양으로 인격을 완성한 다음에 정치에 참여해야
백성들을 사랑하고 올바르게 다스릴 수 있다고 강조합니다.

**빅데이터 시대에 10대가 꼭 알아야 할
논어**

정치는 덕으로써 하라 🐼

공자께서 말씀하셨다.

"정치를 덕으로써 하면

이는 마치 북극성이 제자리에 있으되,

뭇별들이 그것을 에워싸고 따르는 것과 같으니라."

子曰 : "爲政以德, 譬如北辰, 居其所而衆星共之."
자왈　　위정이덕　비여북신　거기소이중성공지

해설

　정치의 기본은 법이나 규제가 아닌 덕이어야만 합니다. 예로부터 덕으로 다스리면 백성들은 정치가의 덕을 사모하면서 따랐습니다. 이것이 바로 덕치주의德治主義로 공자가 추구하는 이상적인 정치입니다.

《시경》의 교훈 🐼

공자께서 말씀하셨다.
"《시경》에 있는 삼백 편의 시를 한마디로 말하자면
생각에 거짓됨이 없다는 것이다."

子曰: "詩三百, 一言以蔽之, 曰思無邪."
자 왈   시 삼 백   일 언 이 폐 지   왈 사 무 사

백성을 변화시키는 것은 덕과 예 🐼

공자께서 말씀하셨다.
"백성들을 정치로 이끌고 형벌로 다스리면
백성들은 벌을 면하고도 부끄러움을 못 느낀다.
그러나 덕으로 이끌고 예로써 다스리면
염치를 알고 또 잘못을 바로잡게 된다."

子曰: "道之以政, 齊之以刑, 民免而無恥. 道之以德, 齊之以禮,
자 왈   도 지 이 정   제 지 이 형   민 면 이 무 치   도 지 이 덕   제 지 이 례
有恥且格."
유 치 차 격

학문에도 때가 있다 🐼

공자께서 말씀하셨다.
"나는 열다섯 살에 학문에 뜻을 두었고
서른 살에 뜻을 확고하게 세웠다.
마흔 살에는 미혹하지 않게 되었고,
쉰 살에는 하늘이 내게 주신 사명을 알았다.
예순 살에는 어떤 말을 들어도 그 이치를 이해했고
일흔 살에는 마음 가는 대로 해도 법도에 어긋나지 않았다."

子曰: "吾十有五而志于學, 三十而立, 四十而不惑,
자 왈   오십유오이지우학   삼십이립   사십이불혹

五十而知天命, 六十而耳順, 七十而從心所欲, 不踰矩."
오십이지천명 육십이이순 칠십이종심소욕 불유구

🔖해설

공자가 학문을 익힌 순서를 말한 것으로, 벼는 익을수록 고개를 숙인다는 것과 같은 이치입니다. 공자의 학문 순서를 나열해 보면, 열다섯을 지학志學, 서른을 이립而立, 마흔을 불혹不惑, 쉰을 지천명知天命, 예순을 이순耳順, 일흔을 종심從心이라 새겼습니다.

부모 섬김에 예를 다하라 🐼

맹의자가 효에 대해 묻자 공자께서 말씀하셨다.

"어긋남이 없는 것이다."

번지가 수레를 몰고 있을 때 공자께서 그 일을 말씀하셨다.

"맹손이 나에게 효에 대해 묻기에, 어긋남이 없는 것이라고 대답했다."

번지가 여쭈었다.

"그것은 무엇을 말씀하신 것입니까?"

공자께서 말씀하셨다.

"부모가 살아 계실 때는 예를 갖추어 섬기고, 돌아가신 후에는 예법에 따라 장례를 치르며, 예법에 따라 제사를 모셔야 한다는 것이다."

孟懿子問孝, 子曰: "無違." 樊遲御, 子告之曰: "孟孫問孝於我,
맹 의 자 문 효 자 왈   무 위   번 지 어 자 고 지 왈   맹 손 문 효 어 아

我對曰: '無違.'" 樊遲曰: "何謂也." 子曰: "生, 事之以禮; 死,
아 대 왈   무 위   번 지 왈   하 위 야   자 왈   생 사 지 이 례 사

葬之以禮, 祭之而禮."
장 지 이 례 제 지 이 례

🎣 해설

효에 관한 맹의자와의 문답에서 공자가 말한 '무위無違'가 무엇인지 번지가 물었습니다. 이때 공자는 부모의 명령에 따르는 것을 효라고 여길까 염려되어 부모가 살아 계실 때는 예로써 정성껏 섬기고, 세상을 떠나셨을 때는 예로써 장사를 치르며, 예로써 제사를 지내는 것이라 했습니다.

부모를 걱정시키지 않는 것이 효다 🐼

맹무백이 효에 대해서 묻자 공자께서 말씀하셨다.
"부모에게는 오직 질병만으로 걱정을 끼쳐야 한다."

孟武伯問孝, 子曰: "父母唯其疾之憂."
맹 무 백 문 효   자 왈   부 모 유 기 질 지 우

🎧 해설

맹무백孟武伯은 애공哀公 11년, 군대를 이끌고 제나라 군대와 싸웠고, 애공 14년에는 성읍의 백성들을 무참하게 유린한 일이 있었습니다. 그의 시호가 무武인 것만 보아도 그의 인간성이 모질고 과격하며 함부로 무력을 휘둘렀음을 알 수 있습니다.

그래서 공자는 사려 깊지 못하고 무용을 좋아하는 맹무백에게 "질병을 앓을 때는 별 수 없이 부모에게 걱정을 끼쳐 드리게 된다. 그러나 그 이외의 다른 일, 특히 무모한 행동으로 부모의 마음을 상하게 하고 또 걱정을 끼쳐서는 안 된다"고 말한 것입니다.

공경하는 마음이 효다 🐼

자유가 효에 대해서 묻자 공자께서 말씀하셨다.
"요즘의 효를 단지 부모를 봉양하는 것으로만 생각하지만,
개나 말도 모두 먹여 살리기는 하는 것이니
부모를 공경하지 않는다면 무엇이 다르겠는가?"

子游問孝, 子曰: "今之孝者, 是謂能養. 至於犬馬, 皆能有養,
자유문효 자왈   금지효자 시위능양 지어견마 개능유양

不敬, 何以別乎?"
불경 하이별호

🎧 해설

　자신을 낳고 키워 준 것에 감사하고 부모를 잘 섬기고 정성껏 봉양하는
것은 일차적인 효도라고 할 수 있습니다. 그러나 외형적, 물질적 공양에
도 사랑과 존경심이 따라야 합니다. 그렇지 않으면 가축에게 먹이를 주는
것과 다를 바 없다는 말입니다.

공자와 안회

공자께서 말씀하셨다.

"내가 안회와 함께 하루 종일 이야기를 해도 그는 마치 어리석은 사람처럼 아무런 문제 제기도 하지 않는다. 그런데 그가 돌아간 뒤, 그의 생활을 보니 역시 내 뜻을 분명히 실천하고 있었다. 그러니 안회는 어리석은 사람이 아니다."

子曰: "吾與回言終日, 不違如愚. 退而省其私, 亦足以發,
자 왈   오 여 회 언 종 일 불 위 여 우 퇴 이 성 기 사 역 족 이 발
回也不愚."
회 야 불 우

해설

안회는 과묵했으나 배우기를 좋아했고, 또 덕을 실천했습니다. 안회와 같이 공자의 제자였던 자공은 안회를 두고 '하나를 듣고 열을 알았다'라고 평가했습니다.

사람의 됨됨이를 알아보는 법 🐼

공자께서 말씀하셨다.
"그 사람이 하는 행위를 보고, 그 연유를 살피고,
그가 편안하게 여기는 것을 잘 살펴보면 그 사람을 알게 된다.
그러니 어찌 사람 됨됨이를 숨길 수 있겠는가!"

子曰: "視其所以, 觀其所由, 察其所安. 人焉廋哉, 人焉廋哉!"
자 왈   시 기 소 이 관 기 소 유 찰 기 소 안 인 언 수 재 인 언 수 재

옛것을 익혀 새것을 안다 🐼

공자께서 말씀하셨다.
"옛것을 익혀 새로운 것을 알면 남의 스승이 될 만하다."

子曰: "溫故而知新, 可以爲師矣."
자 왈   온 고 이 지 신 가 이 위 사 의

해설

온고지신溫故知新이라는 말의 출처입니다. 옛것을 익힌다는 것은 고전古典을 잘 안다는 것으로, 학문은 선인들이 남긴 문화유산을 습득하고 더 나아가 새로운 것을 받아들여 새로운 문화를 창조하는 근본이 됩니다. 공자는 스승이 되려면 그만한 것을 알고 있어야 된다고 말했습니다.

군자는 그릇처럼 살지 않는다 🐼

공자께서 말씀하셨다.
"군자는 그릇이 되어서는 안 된다."

子曰: "君子不器."
자 왈　　군 자 불 기

🔖 **해설**

　지식인이란 학문과 덕을 겸비하면서 충분한 경험을 가진 인격자를 가리킵니다. 그래서 그릇처럼 국한되지 않는다고 했습니다. 그릇은 오직 한정된 물건만을 담을 수 있지만 군자란 세상 만물을 포용할 수 있어야 합니다.

말보다 실천 🐼

자공이 군자에 대해서 묻자 공자께서 말씀하셨다.
"말하고자 하는 바를 먼저 실천하고,
그 후에 말하는 사람이 군자니라."

子貢問君子, 子曰: "先行其言, 而後從之."
자 공 문 군 자   자 왈   선 행 기 언   이 후 종 지

 해설

　말하기는 쉬워도 실천하기는 어렵습니다. 그러므로 군자의 자질에 대
해 묻는 자공에게 공자는 먼저 행동으로 실천하고 말은 나중에 하라고 가
르치고 있습니다. 말재주가 뛰어난 자공에게 말을 너무 앞세우지 말라고
하는 뜻도 담겨 있습니다.

군자와 소인의 차이 1 🐼

공자께서 말씀하셨다.
"군자는 두루 통하므로 한편에 치우치지 않고,
소인은 한편에 치우치므로 두루 통하지 못한다."

子曰: "君子周而不比, 小人比而不周."
자 왈   군 자 주 이 불 비   소 인 비 이 부 주

배움에는 생각이,
생각에는 배움이 따라야 한다 🐼

공자께서 말씀하셨다.
"배우되 생각하지 아니하면 막연하여 얻는 것이 없고,
생각만 하고 배우지 아니하면 독단에 빠져 위태롭다."

子曰: "學而不思則罔, 思而不學則殆."
자 왈   학 이 불 사 즉 망   사 이 불 학 즉 태

모르는 것을 모른다고
하는 것이 아는 것이다 🐼

공자께서 말씀하셨다.
"유(자로)야! 너에게 안다는 것에 대해 가르쳐 주마.
아는 것을 안다고 하고 모르는 것을 모른다고 하는 것,
이것이 아는 것이다."

子曰: "由, 誨女知之乎! 知之爲知之, 不知爲不知, 是知也."
자 왈   유 회 여 지 지 호   지 지 위 지 지 부 지 위 부 지 시 지 야

🎣 **해설**

유由는 공자의 제자로 성은 중仲이고 자는 자로子路입니다. 자로는 호탕
하고 성급한 성품이어서 공자에게 자주 꾸중을 듣기도 했습니다. 그는 잘
알지도 못하면서 안다고 하는 일이 종종 있었는데, 공자가 자로에게 안다
는 것이 무엇인지에 대해 설명하는 부분입니다. 공자는 자신이 아는 것만
을 안다고 하고, 모르는 것은 솔직하게 모른다고 하는 것, 이것이 진정으
로 아는 것이라고 했습니다.

말에는 허물이 적고, 행동에는 후회가 적어야 한다 🐼

자장이 벼슬을 얻는 방법을 배우려 하자 공자께서 말씀하셨다.
"많은 것을 듣되 의심스러운 것은 제외하고
그 나머지를 신중히 말하면 허물이 적을 것이다.
또 많은 것을 보되 위태로운 것은 제외하고
그 나머지만 신중히 행하면 후회하는 일이 적을 것이다.
말에 허물이 적고, 행동에 후회가 적으면
벼슬은 자연히 얻게 마련이다."

子張學干祿, 子曰: "多聞闕疑, 愼言其餘, 則寡尤; 多見闕殆,
자 장 학 간 록   자 왈   다 문 궐 의 신 언 기 여   즉 과 우 다 견 궐 태
愼行其餘, 則寡悔. 言寡尤, 行寡悔, 祿在其中矣."
신 행 기 여   즉 과 회 언 과 우 행 과 회 녹 재 기 중 의

곧은 사람을 등용해 굽은 사람 위에 두라 🐼

애공이 물었다.
"어떻게 하면 백성들이 잘 따르겠습니까?"
공자께서 대답하셨다.
"바르고 곧은 사람을 등용하여
굽은 사람의 위에 쓰면 백성들이 따르고,
굽은 사람을 등용하여
바르고 곧은 사람의 위에 쓰면 백성들은 따르지 않습니다."

哀公問曰: "何爲則民服." 孔子對曰: "擧直錯諸枉, 則民服;
애 공 문 왈   하 위 즉 민 복   공 자 대 왈   거 직 조 저 왕   즉 민 복
擧枉錯諸直, 則民不服."
거 왕 조 저 직   즉 민 불 복

🔖 **해설**

　애공哀公은 노나라의 임금입니다. 《논어》에서 공자를 지칭할 때 '자子'라고 하지 않고, '공자孔子'라고 하는 경우가 종종 있는데, 군주와 대화를 주고받을 때입니다. 군주를 존대하는 뜻으로 그렇게 한 것입니다. 이 대화는 바르고 곧은 인재를 높은 자리에 등용해야 함을 비유적으로 설명하고 있습니다.

백성들이 잘 따르게 하려면 🐼

계강자가 물었다.

"백성들이 윗사람을 공경하고 진심으로 따르며
부지런히 일하도록 권하려면 어떻게 해야 합니까?"

공자께서 말씀하셨다.

"위정자가 백성을 대함에 위엄이 있으면 그들이 공경하게 되고,
효와 자애로운 태도를 보이면 진심으로 따르게 되며,
능력 있는 사람을 등용하여 무능한 사람을 가르치도록 하면
백성들은 저절로 부지런해질 것입니다."

季康子問: "使民敬忠以勸, 如之何?" 子曰: "臨之以莊則敬,
계 강 자 문   사 민 경 충 이 권   여 지 하   자 왈   임 지 이 장 즉 경

孝慈則忠, 擧善而教不能則勸."
효 자 즉 충 거 선 이 교 불 능 즉 권

앞에 나서는 것만이 정치가 아니다

어떤 사람이 공자에게 물었다.

"선생님은 왜 정치를 하지 않으십니까?"

공자께서 말씀하셨다.

"《서경》에 이르기를,

'효로다! 오직 효도하고 형제간에 우애하며 이를 정사에 반영시켜라'라고 하였소. 그러므로 어찌 직접 정치에 관여하는 것만을 정치를 한다고 하겠소?"

或謂孔子曰: "子奚不爲政?" 子曰: "書云, '孝乎! 惟孝,
혹 위 공 자 왈   자 해 불 위 정   자 왈   서 운   효 호 유 효

友于兄弟, 施於有政.' 是亦爲政, 奚其爲爲政."
우 우 형 제   시 어 유 정   시 역 위 정   해 기 위 위 정

신의 없는 사람은 멍에 없는 수레 🐼

공자께서 말씀하셨다.

"사람에게 신의가 없으면 그 쓸모를 알 수가 없다.

만약 큰 수레에 소의 멍에 걸이가 없거나,

작은 수레에 말의 멍에 걸이가 없다면

무엇으로 그것을 끌고 가겠는가?"

子曰:"人而無信, 不知其可也. 大車無輗, 小車無軏,
자 왈 인 이 무 신 부 지 기 가 야 대 거 무 예 소 거 무 월

其何以行之哉?"
기 하 이 행 지 재

해설

　고대 중국에서는 소가 끄는 수레를 '대거'라고 했고, 말이 끄는 수레를 '소거'라고 했습니다. 수레의 끌채 앞면에는 횡목이 있어서 여기에 가축을 매고 끌게 했습니다. 가축이 수레를 끌기 위해서는 그에 맞는 멍에 걸이가 필요합니다. 즉, 신의가 없는 사람은 가축의 멍에 걸이가 없는 것처럼 제구실을 할 수 없다는 뜻입니다.

　공자는 믿을 '신信' 자에 대해 굉장히 강조했고, 그것이 인간을 인간답게 만드는 핵심이라고 보았습니다. 사람이 말을 하면 그 말을 믿을 수 있어야 하고, 말이 실행에 옮겨진다고 믿을 수 있는 사회야말로 좋은 사회라고 보았습니다.

역사를 알면 미래가 보인다 🐼

자장이 물었다.

"앞으로 열 왕조 이후의 일을 알 수 있습니까?"

공자께서 말씀하셨다.

"은나라는 하나라의 예절과 법도를 따랐으니

비교해 보면 폐지한 것이나 보탠 것을 알 수 있고,

주나라는 은나라의 예절과 법도를 따랐으니

거기에서 폐지하고 보탠 것을 알 수 있다.

어떤 사람이 주나라를 계승한다면

백 왕조 이후라 할지라도 알 수 있을 것이다."

子張問: "十世可知也?" 子曰: "殷因於夏禮, 所損益可知也;
자 장 문　 십 세 가 지 야　　 자 왈　 은 인 어 하 례　 소 손 익 가 지 야

周因於殷禮, 所損益可知也. 其或繼周者, 雖百世可知也."
주 인 어 은 례　 소 손 익 가 지 야　 기 혹 계 주 자,　수 백 세 가 지 야

🔖 **해설**

정치를 할 때 역사를 중시해야 한다는 뜻입니다. 역사를 알면 앞으로
다가올 미래가 어떻게 될지 예측할 수 있으므로, 역사를 소홀히 대하지
말고 열심히 공부해야 합니다.

옳은 일을 보고도 행하지 않으면 용기가 없는 것이다

공자께서 말씀하셨다.

"자신이 모셔야 할 혼령이 아닌데도 제사를 지내는 것은 아첨하는 것이요,

옳은 일을 보고도 행하지 않는 것은 용기가 없는 것이다."

子曰: "非其鬼而祭之, 諂也. 見義不爲, 無勇也."
자 왈   비 기 귀 이 제 지   첨 야   견 의 불 위   무 용 야

제편

팔일 八佾
예악이 바로 서면
흔들림이 없다

이 편에서는 예禮와 악樂의 득실에 대해 말하고 있습니다.
춘추전국시대 중국에서는 예악으로써
나라의 기강을 바로세우고 백성들을 다스렸습니다.
공자는 덕으로써 백성을 다스리고
예로써 하늘의 도리를 따르고 실천하는 것이
올바른 정치라고 역설했습니다.

**빅데이터 시대에 10대가 꼭 알아야 할
논어**

분수를 지겨라 🐼

공자께서 계씨를 비판하여 말씀하셨다.
"천자의 악무인 팔일무를 자신의 뜰에서 공연하다니,
이런 짓을 감히 할 수 있다면
장차 그 어떤 짓인들 하지 못할 것인가?"

孔子謂季氏: "八佾舞於庭, 是可忍也, 孰不可忍也?"
공 자 위 계 씨   팔 일 무 어 정   시 가 인 야   숙 불 가 인 야

해설

계씨季氏는 계손씨의 후예로 노나라 소공 때의 대부 계평자를 가리킵니다. 당시의 예법에는 악무樂舞를 공연할 때, 천자의 무대는 여덟 줄, 제후는 여섯 줄, 대부는 네 줄, 사士는 두 줄로 늘어서게 되어 있었습니다. 그런데 계씨는 대부의 신분임에도 불구하고 감히 팔일무를 공연했던 것입니다.

공자는 신분에 맞는 예를 행하는 것이야말로 한 사회를 지탱하는 힘이라고 보았습니다. 그래서 계씨의 예악 파괴는 탐욕과 허세에 불과할 뿐만 아니라 사회 혼란을 일으킨다는 것을 일깨워 주고 있습니다. 그리고 공자의 말대로 계씨는 후에 소공을 축출하고 말았습니다.

예악보다 어진 마음 🐼

공자께서 말씀하셨다.
"사람이 어질지 못하다면
예를 지키는 것이 무슨 의미가 있겠는가?
사람이 어질지 못하다면
음악을 한들 무슨 의미가 있겠는가?"

子曰: "人而不仁, 如禮何? 人而不仁, 如樂何?"
자 왈   인 이 불 인   여 례 하   인 이 불 인   여 악 하

예의 본질 🐼

임방이 예의 본질을 여쭙자 공자께서 말씀하셨다.
"훌륭한 질문이구나.
예는 사치스럽기보다는 차라리 검소해야 하고
장례는 형식에 따르기보다는 진심으로 애통해야 한다."

林放問禮之本, 子曰: "大哉問. 禮, 與其奢也, 寧儉; 喪, 與其易也,
임 방 문 예 지 본 자 왈   대 재 문   예 여 기 사 야 영 검 상 여 기 이 야
寧戚."
영 척

진정한 나라는 임금이 없어도 예악이 이를 대신할 수 있다 🐼

공자께서 말씀하셨다.
"오랑캐 나라에 임금이 있다 해도,
중화의 여러 나라에 임금이 없는 경우보다 못하다."

子曰: "夷狄之有君, 不如諸夏之亡也."
자 왈   이 적 지 유 군   불 여 제 하 지 무 야

해설

중국은 오래전부터 천하의 중심을 차지하는 문화국가라는 뜻으로 스스로를 중하中夏 또는 중화中華라고 불렀습니다. 그리고 주변에 있는 다른 나라를 오랑캐라고 했습니다. 방위에 따라 오랑캐를 구분해, 동이東夷, 서융西戎, 남만南蠻, 북적北狄이라 불렀지요. 오랑캐들은 문화나 윤리도덕이 없고, 설사 통치자가 있다 해도 근본적으로는 미개한 야만 집단이라 여겼습니다.

중원의 국가가 혼란에 휘말려 일시적으로 임금이 없다 해도 예악을 모르는 오랑캐와는 비교가 안 된다는 뜻입니다. 노나라의 임금 소공昭公이 삼환씨三桓氏에게 밀려 국외로 망명하고 노나라에는 7년간 임금이 없었습니다. 그래도 노나라는 주공단周公旦이 세운 정통 국가로 예악을 갖추고 있으므로 오랑캐와는 격이 다르다는 것을 강조하는 말입니다.

군자의 유일한 다툼, 활쏘기

공자께서 말씀하셨다.

"군자는 다투는 일이 없지만

굳이 있다고 한다면 그것은 활쏘기로다.

서로 절하고 사양하며 활 쏘는 자리에 오르고,

내려와서는 벌주를 마시니

그 다투는 모습이 군자답다."

子曰: "君子無所爭, 必也射乎. 揖讓而升, 下而飲, 其爭也君子."
자 왈   군 자 무 소 쟁   필 야 사 호   읍 양 이 승   하 이 음   기 쟁 야 군 자

흰 바탕이 있어야 그림을 그릴 수 있듯이 🐼

자하가 물었다.

"《시경》에 '고운 웃음에 보조개가 아름답고, 아름다운 눈에 눈동자가 또렷하니 흰 바탕에 무늬를 더하였네'라는 것은 무엇을 말하는 것입니까?"

공자께서 말씀하셨다.

"그림을 그리는 일은 흰 바탕이 있은 다음이라는 것이다."

자하가 말했다.

"예는 나중 일이라는 말씀이십니까?"

공자께서 말씀하셨다.

"나를 일깨워 주는 자는 상이로구나! 비로소 너와 함께 시를 말할 수 있게 되었다."

子夏問曰: "'巧笑倩兮, 美目盼兮, 素以爲絢兮.' 何謂也?"
자 하 문 왈   교 소 천 혜 미 목 반 혜 소 이 위 현 혜   하 위 야

子曰: "繪事後素." 曰: "禮後乎?" 子曰: "起予者, 商也!
자 왈   회 사 후 소   왈   예 후 호   자 왈   기 여 자 상 야

始可與言詩已矣."
시 가 여 언 시 이 의

🔖 해설

그림을 그릴 때는 먼저 흰 바탕이 마련된 뒤에 고운 색칠을 하는 것이 순서입니다. 이와 마찬가지로 예를 행하기에 앞서 먼저 인간으로서의 성실성을 갖추어야 합니다. 다시 말하자면 인(仁)한 마음이 없는 자가 예(禮)로써 겉모습을 꾸미는 것은 남을 속이는 행위에 불과합니다.

이 장은 공자와 그의 제자 자하가 《시경》의 시구를 인용하며 덕성과 예와의 관계를 논하고 있습니다. 이들은 덕성을 갖춘 이가 다시 예로써 몸 단속을 한다면 금상첨화錦上添花라고 여겼습니다.

증거가 없으면 말하지 않는다 🐼

공자께서 말씀하셨다.
"하나라의 예에 대해서는 내가 이야기할 수 있지만
그 뒤를 잇는 기나라의 예는 증명하기에 부족하고,
은나라의 예에 대해서도 말할 수는 있지만
그 뒤를 잇는 송나라의 예는 증명하기에 부족하다.
이는 문헌이 부족하기 때문이니
문헌이 충분하다면 내가 그것을 증명할 수 있을 것이다."

子曰: "夏禮吾能言之, 杞不足徵也; 殷禮吾能言之, 宋不足徵也.
자 왈   하 례 오 능 언 지 기 부 족 징 야 은 례 오 능 언 지 송 부 족 징 야
文獻不足故也. 足則吾能徵之矣."
문 헌 부 족 고 야   족 즉 오 능 징 지 의

🎣 **해설**

　기나라는 하나라의 후손들이 세운 나라이고, 송나라는 은나라의 후손들이 세운 나라가 분명합니다. 그러나 공자는 하나라와 은나라가 예의 전통을 후세에 물려주었다 하더라도 문헌으로 입증되지 않으면 말하지 않겠다고 말합니다. 즉 증거가 없으면 믿지 않는다는 뜻입니다.

예가 아니면 보지도 말라 🐼

공자께서 말씀하셨다.
"체 제사를 지낼 때,
술을 땅에 부으며 신의 강림을 청하는 절차 이후의 것을
나는 보고 싶지 않다."

子曰: "禘, 自旣灌而往者, 吾不欲觀之矣."
자 왈   체 자 기 관 이 왕 자 오 불 욕 관 지 의

🔖 **해설**

노나라의 체 제사가 예에 맞지 않음을 은근히 지적한 것입니다. 체 제사는 주나라 천자들만 지낼 수 있는 것인데, 제후국인 작은 노나라에서 격에 맞지 않게 체 제사를 지냈으니 신을 부르는 강신주를 따르는 제사의 시작부터 보고 싶지 않다고 한 것입니다. '예가 아니면 보지도 말라'는 공자의 가르침을 생각하게 하는 대목입니다.

제사는 조상이 계신 듯 🐼

조상에게 제사를 지낼 때는 조상이 살아 계신 듯 정성스럽고,
산천의 신을 모실 때는 신이 앞에 있는 듯 경건했다.
공자께서 말씀하셨다.
"나 자신이 제사에 직접 참여하지 않으면
제사를 지내지 않은 것과 같다."

祭如在, 祭神如神在. 子曰: "吾不與祭, 如不祭."
제 여 재   제 신 여 신 재   자 왈   오 불 여 제   여 불 제

해설

조상에게 제사를 지낼 때 마치 조상이 살아 계신 듯 정성스럽게 해야
한다는 것을 강조하고 있습니다. 제사를 지낼 때의 태도는 형식보다 경건
한 마음가짐이 중요하다는 것이지요. 그래서 공자는 제사에 참여하지 않
으면 아무 소용이 없다고 말합니다.

하늘에 죄를 지으면 빌 곳이 없다

왕손가가 물었다.

"'아랫목에 아첨하느니 차라리 부뚜막에 아첨하는 편이 낫다'고 하는 말은 무엇을 의미합니까?"

공자께서 말씀하셨다.

"그렇지 않습니다. 하늘에 죄를 지으면 빌 곳이 없는 법입니다."

王孫賈問曰: "'與其媚於奧, 寧媚於竈.' 何謂也?" 子曰: "不然,
왕 손 가 문 왈   여 기 미 어 오 영 미 어 조   하 위 야   자 왈   불 연
獲罪於天, 無所禱也."
획 죄 어 천   무 소 도 야

해설

왕손가의 말은 아랫목에 앉아 있는 어른에게 아첨하기보다는 음식을 만드는 부뚜막에서 일하는 사람에게 잘 보여야 떡고물이라도 떨어질 것 아니냐는 뜻입니다. 공자가 위나라에 가서 영공을 만나자 실권자이던 왕손가는 속담을 들어 자기에게 잘 보이는 것이 어떠냐고 공자를 회유했습니다. 이에 공자가 왕손가의 무례함과 야심을 꿰뚫어 보고 따끔하게 일침을 가한 것입니다.

찬란하구나! 주나라 문화여 🐼

공자께서 말씀하셨다.
"주나라는 하·은 두 나라를 본보기로 삼아 문화가 찬란하도다!
나는 주나라를 따르리라."

子曰: "周監於二代, 郁郁乎文哉! 吾從周."
자 왈   주 감 어 이 대   욱 욱 호 문 재   오 종 주

🔖 **해설**

   주나라의 문물을 찬양한 것입니다. 춘추시대 이전의 주나라를 서주, 그
이후를 동주라고 합니다. 서주 때 문왕, 무왕, 주공이 있었는데, 공자는
이때의 주나라를 이상적인 나라로 생각하고 흠모했습니다.

매사를 묻는 것이 예다 🐼

공자께서 태묘에 들어가 제사 지낼 때, 모든 일을 일일이 물으시자 어떤 사람이 말하였다.

"누가 저 추인의 아들이 예를 안다고 하였는가? 태묘에 들어가 매사를 묻는구나."

공자께서 이 말을 들으시고 말씀하셨다.

"그것이 바로 예이니라."

子入大廟, 每事問. 或曰: "孰謂鄹人之子知禮乎? 入大廟,
자 입 태 묘 매 사 문 혹 왈 숙 위 추 인 지 자 지 례 호 입 태 묘
每事問." 子聞之, 曰: "是禮也."
매 사 문 자 문 지 왈 시 례 야

과녁을 꿰뚫는 것보다 중요한 것 🐼

공자께서 말씀하셨다.
"활쏘기를 할 때,
과녁의 가죽을 꿰뚫는 데 주력하지 않는 것은
사람마다 힘을 쓰는 정도가 다르기 때문이다.
이것이 옛날의 궁도였다."

子曰: "射不主皮, 爲力不同科, 古之道也."
자 왈　사 부 주 피　위 력 부 동 과　고 지 도 야

해설

　활쏘기는 선비가 익혀야 할 여섯 가지 덕목인 육예六藝의 하나로, 정신을 집중시켜 과녁에 명중시키려는 것이지 힘겨루기를 하려는 것이 아닙니다. 주나라 때는 예가 제대로 시행되어 과녁을 정확하게 맞히는 데 주력했으나, 주나라가 쇠퇴하여 무너지고 열국이 전쟁에 휘말리니 가죽을 뚫는 힘겨루기가 되살아났습니다. 공자는 이를 탄식한 것입니다.

예를 더 아끼노라

　자공이 매월 초하루에 지내는 곡삭제에 양을 바치는 것을 없애려 하자 공자께서 말씀하셨다.

　"사야, 너는 그 양을 아끼지만 나는 그 예를 더 아낀다."

子貢欲去告朔之餼羊. 子曰: "賜也, 爾愛其羊, 我愛其禮."
자 공 욕 거 곡 삭 지 희 양　자 왈　　사 야　이 애 기 양　아 애 기 례

해설

　이재에 밝은 자공은 곡삭 같은 간단한 제사에 제물로 양을 쓰지 않으려 했습니다. 하지만 이것은 예에 어긋나기 때문에 공자가 비판한 대목입니다. 공자는 예가 무시되면 사회의 질서와 조화가 무너지면서 혼란에 빠질 것이라 우려해 반대했던 것입니다.

진심은 아첨이 아니다 🐼

공자께서 말씀하셨다.
"임금을 섬김에 있어 예를 다하는 것을 두고
사람들은 아첨한다고 여긴다."

子曰: "事君盡禮, 人以爲諂也."
자 왈   사 군 진 례 인 이 위 첨 야

해설

　당시 사회는 혼란했고 예가 없어지면서 정치가 혼탁해지고, 백성들이 군주나 윗사람들을 가볍게 생각했습니다. 그런 가운데서도 임금에게 신하의 도리를 지키는 공자를 사람들은 아첨꾼으로 생각한 것입니다.

임금은 예로써,
신하는 충성으로 🐼

정공이 물었다.

"임금이 신하를 대하고 신하가 임금을 섬기는 일은 어떻게 해야
합니까?"

공자께서 말씀하셨다.

"임금은 예로써 신하를 대하고 신하는 충성으로써 임금을 섬겨야
합니다."

定公問: "君使臣, 臣事君, 如之何?" 孔子對曰: "軍使臣以禮,
정공문　군사신　신사군　여지하　　공자대왈　군사신이례

臣事君以忠."
신사군이충

지난 일은 탓하지 말라 🐼

애공이 재아에게 사社에 심는 나무에 관하여 묻자 재아가 대답하였다.

"하나라 왕조는 소나무를 심었고, 은나라 사람들은 측백나무를 심었으며, 주나라 사람은 밤나무를 심었습니다. 밤나무를 심음은 백성들을 전율케 하려는 것이지요."

공자께서 이 말을 들으시고 말씀하셨다.

"이루어진 일은 논하지 않고 끝난 일은 따지지 않으며, 이미 지나간 일은 탓하지 않는 법이다."

哀公問社於宰我, 宰我對曰: "夏后氏以松, 殷人以柏, 周人以栗,
애 공 문 사 어 재 아 재 아 대 왈   하 후 씨 이 송 은 인 이 백 주 인 이 률
曰使民戰慄." 子聞之, 曰: "成事不說, 遂事不諫, 旣往不咎."
왈 사 민 전 률   자 문 지 왈   성 사 불 설 수 사 불 간 기 왕 불 구

해설

노나라 임금 애공이 재아에게 토지신에 대해 물었습니다. 이에 재아는 하나라는 소나무, 은나라는 측백나무, 주나라는 밤나무를 신목으로 사용했다고 대답했습니다. 이때 재아는 밤나무를 설명할 때, 밤나무의 음인 율栗이 '두려워한다'는 뜻의 '율慄'과 음이 같다는 것에 착안하여 백성들을 두려워하도록 만들기 위한 것이라고 했습니다. 재아의 이런 엉터리 해석을 두고, 이미 지나간 일이므로 지금 말해 봐야 소용없을 것이므로 더 이상 말하지 않겠지만 앞으로 그런 실언을 하지 말라고 공자가 나무라는 것입니다.

관중은 그릇이 작은 사람 🐼

공자께서 말씀하셨다.

"관중은 그릇이 작은 사람이다."

어떤 사람이 물었다.

"관중은 검약했습니까?"

공자께서 말씀하셨다.

"관중은 집을 세 군데나 가지고 있었고 그의 가신들은 수가 많아 관직을 겸직하지 않았는데 어찌 검약하다고 하겠소?"

"그럼 관중은 예를 알았습니까?"

공자께서 대답하셨다.

"나라의 임금이라야 병풍으로 문을 가리는 법인데 관중도 병풍으로 문을 가렸고, 나라의 임금이라야 두 임금이 함께 연회를 할 때 술잔 놓는 자리를 둘 수 있는 법인데 관중도 또한 술잔을 놓는 자리를 만들었으니 이러한 관씨가 예를 안다면 그 누가 예를 모른다고 하겠는가?"

子曰: "管仲之器小哉." 或曰: "管仲儉乎?" 曰: "管氏有三歸,
자왈   관중지기소재   혹왈   관중검호   왈   관씨유삼귀

官事不攝, 焉得儉?" "然則管仲知禮乎?" 曰: "邦君樹塞門,
관사불섭 언득검   연즉관중지례호   왈   방군수색문

管氏亦樹塞門. 邦君爲兩君之好, 有反坫, 管氏亦有反坫.
관씨역수색문 방군위량군지호 유반점 관씨역유반점

管氏而知禮, 孰不知禮?"
관씨이지례 숙부지례

해설

　관중管仲은 관포지교管鮑之交로 알려진 정치가입니다. 정치적 수완이 탁월하여 제나라의 환공이 패권을 잡는 데 일조했습니다. 《논어》에도 공자가 관중의 정치적 업적을 인정한 글이 보입니다. 그러나 여기서는 '기량이 좁은 사람'이라고 평했습니다. 관중이 환공을 도와 패업을 이룩하고 백성의 생활을 안정시켜 준 공은 공자도 인정하지만, 공을 앞세워 군주에 버금가는 호화로운 생활을 한다고 비판한 것입니다.

하늘이 세상의 목탁으로 삼으려는 것이니 🐼

의儀 땅의 관리가 공자를 뵙고자 청하며 말했다.

"군자께서 이곳에 오시면 내가 만나 뵙지 못한 적이 없었습니다."

공자를 모시던 제자들이 뵙도록 안내해 주었더니, 뵙고 나와서 말하였다.

"그대들은 어찌하여 공자께서 벼슬이 없음을 걱정하십니까?

천하에 도가 없어진 지 오래라,

하늘이 장차 선생님을 세상의 목탁으로 삼으려는 것입니다."

儀封人請見曰: "君子之至於斯也, 吾未嘗不得見也."
의 봉 인 청 현 왈   군 자 지 지 어 사 야   오 미 상 부 득 현 야

從者見之. 出, 曰: "二三子何患於喪乎? 天下之無道也久矣,
종 자 현 지   출   왈   이 삼 자 하 환 어 상 호   천 하 지 무 도 야 구 의

天將以夫子爲木鐸."
천 장 이 부 자 위 목 탁

🎣 **해설**

의儀 땅의 국경수비대 관리가 국경을 지나는 공자를 만난 다음에 한 말입니다. 이 대목을 다시 풀이하면 공자가 벼슬을 얻어 한곳에 머물게 되면 세상을 깨우치지 못할 것이므로, 공자가 벼슬을 하지 못하는 것은 하늘의 명이 있기 때문이라는 것입니다.

높은 자리에 있으면서 🐼

공자께서 말씀하셨다.
"높은 자리에 있으면서 너그럽지 못하고
예를 행함이 공경스럽지 않으며,
상을 당하여 슬퍼하지 않는다면
내가 무엇으로 그 사람을 인정해 주겠는가?"

子曰: "居上不寬, 爲禮不敬, 臨喪不哀, 吾何以觀之哉?"
자 왈   거 상 불 관 위 례 불 경 임 상 불 애 오 하 이 관 지 재

🔖 **해설**

공자가 당시 상류 사회의 모습을 비판한 것입니다. 높은 자리에 있으면서 아랫사람에게 너그럽지 못하고, 예를 행함에는 공경심이 없어 허례에 지나지 않습니다. 그리고 남의 장례식에 참석하면서 애통해 하는 마음이 없으므로 그저 체면치레로 얼굴이나 내미는 정도에 그칩니다. 관대함과 공경심이 없고 애도하는 마음이 없으며 예를 모른다면 스스로 인간임을 포기하는 것입니다. 공자는 이런 사람은 더 이상 거들떠볼 필요조차도 없다고 선언하고 있습니다.

제 4 편

이인里仁
한순간도
인을 떠나지 말라

이 편에서는 인仁에 대해 명확히 밝히고 있습니다.
인은 사람의 큰 선행을 일컫는 말로
군자가 인을 얻으면 사람들에게 예악을 행하게 된다고 했습니다.
인이란 오직 사람만이 가지고 있는 선한 마음이며,
그것을 바탕으로 서로 사랑하고 더불어 잘 사는 덕을 말합니다.

**빅데이터 시대에 10대가 꼭 알아야 할
논어**

어진 곳에 거하라 🐼

공자께서 말씀하셨다.
"마을의 풍속이 인하다는 것은 아름다운 것이다.
인한 마을을 잘 골라서 살지 않는다면 어찌 지혜롭다 하겠는가?"

子曰: "里仁爲美. 擇不處仁, 焉得知?"
자 왈　　이 인 위 미　택 불 처 인　언 득 지

인자는 인을 편안히 여기고 지자는 인을 이롭게 여긴다 🐼

공자께서 말씀하셨다.
"어질지 못한 사람은 오랫동안 곤궁하게 지내지도,
오래도록 안락하게 지내지도 못한다.
어진 사람은 인을 편안하게 여기고
지혜로운 사람은 인을 이롭게 여긴다."

子曰: "不仁者不可以久處約, 不可以長處樂. 仁者安仁,
자 왈　　불 인 자 불 가 이 구 처 약　불 가 이 장 처 락　인 자 안 인
知者利仁."
지 자 리 인

좋고 싫음도 인을 바탕으로 하라 🐼

공자께서 말씀하셨다.
"오직 어진 사람만이
사람을 사랑할 줄도 알고 또한 미워할 줄도 안다."

子曰: "唯仁者, 能好人, 能惡人."
자 왈   유 인 자 능 호 인 능 오 인

인에 뜻을 두면 악은 행하지 않는다 🐼

공자께서 말씀하셨다.
"진실로 인에 뜻을 둔다면
악한 일은 하지 않을 것이다."

子曰: "苟志於仁矣, 無惡也."
자 왈   구 지 어 인 의   무 악 야

한순간도 인을 떠나지 말라 🐼

공자께서 말씀하셨다.

"부유함과 귀함은 누구나 탐내는 바지만,

정당한 방법으로 얻은 것이 아니면 누리지 마라.

가난함과 천함은 누구나 싫어하는 바지만,

부당하게 그렇게 되었다 하더라도 억지로 벗어나려 하지 마라.

군자가 인을 떠난다면 어디에서 명예를 이루겠는가?

군자는 밥 한 끼 먹는 짧은 시간에도 인을 어기지 말아야 하고,

아무리 다급하고 위태로운 순간일지라도 반드시 인에 근거해야

한다."

子曰: "富與貴是人之所欲也, 不以其道得之, 不處也.
자 왈   부 여 귀 시 인 지 소 욕 야   불 이 기 도 득 지   불 처 야

貧與賤是人之所惡也, 不以其道得之, 不去也. 君子去仁,
빈 여 천 시 인 지 소 오 야   불 이 기 도 득 지   불 거 야   군 자 거 인

惡乎成名? 君子無終食之間違仁, 造次必於是, 顚沛必於是."
오 호 성 명   군 자 무 종 식 지 간 위 인   조 차 필 어 시   전 패 필 어 시

인을 좋아하는 사람, 인하지 않음을 싫어하는 사람 🐼

공자께서 말씀하셨다.

"나는 지금까지 참으로 인함을 좋아하는 사람이나

인하지 않음을 싫어하는 사람을 보지 못했다.

인함을 좋아하는 사람은 더할 나위 없이 좋지만,

인하지 않음을 싫어하는 사람도 그가 인을 행함에 있어

인하지 않은 사람이 자신에게 영향을 미치도록 하지 않는다.

단 하루라도 힘을 쏟아 인을 행하려고 하는데,

힘이 모자라서 이루지 못한 그런 사람을 나는 아직 보지 못했다.

그런 사람이 있을 법도 하나, 나는 아직 보지 못했다."

子曰: "我未見好仁者·惡不仁者. 好仁者, 無以尚之; 惡不仁者,
자 왈   아 미 견 호 인 자   오 불 인 자   호 인 자   무 이 상 지   오 불 인 자

其爲仁矣, 不使不仁者加乎其身. 有能一日用其力於仁矣乎.
기 위 인 의   불 사 불 인 자 가 호 기 신   유 능 일 일 용 기 력 어 인 의 호

我未見力不足者. 蓋有之矣, 我未之見也."
아 미 견 력 부 족 자   개 유 지 의   아 미 지 견 야

허물로 그 사람을 알 수 있다 🐼

공자께서 말씀하셨다.

"사람의 과실에는 저마다의 유형이 있다.

그러므로 과실만 보고도 그 사람의 인덕을 알 수 있다."

子曰: "人之過也, 各於其黨. 觀過, 斯知仁矣."
자 왈   인 지 과 야   각 어 기 당   관 과   사 지 인 의

아침에 도를 깨달으면 저녁에 죽어도 좋다 🐼

공자께서 말씀하셨다.

"아침에 도를 들으면 저녁에 죽어도 좋다."

子曰: "朝聞道, 夕死可矣."
자 왈   조 문 도   석 사 가 의

해설

성인으로서 도를 추구하는 공자의 자세를 알 수 있습니다. 옳은 도를 통하여 마음에 깨달음이 있으면 곧 죽는 일이 있어도 좋다는 뜻입니다. 사람으로서 사람답지 못하게 한평생 사는 것보다 잠깐을 살더라도 사람답게 사는 것이 중요하다고 공자는 강조했습니다.

도에 뜻을 두면 가난이 부끄럽지 않다

공자께서 말씀하셨다.
"선비로서 도에 뜻을 두고도
나쁜 옷과 나쁜 음식을 부끄럽게 여긴다면
더불어 도를 논할 수 없다."

子曰: "士志於道, 而恥惡衣惡食者, 未足與議也."
자 왈   사 지 어 도 이 치 악 의 악 식 자 미 족 여 의 야

오직 의로움을 따를 뿐 🐼

공자께서 말씀하셨다.
"군자는 천하에 반드시 그래야만 한다고 고집하는 것도 없고,
절대로 안 된다고 하는 것도 없으며,
오직 의로움만을 따를 뿐이다."

子曰: "君子之於天下也, 無適也, 無莫也, 義之與比."
자 왈　 군 자 지 어 천 하 야　 무 적 야　 무 막 야　 의 지 여 비

해설

　군자는 사람이나 사물을 공평무사하게 보고 또 처리합니다. 사사로운 감정이나 이해관계에 매이면 자연히 시야가 좁아지고 고집을 부리게 마련입니다. 군자는 항상 대도大道와 대의명분大義名分을 밝힙니다. 도를 기준으로 옳고 그름을 결정하기 때문에 편협한 주장이나 고집을 내세우지 않게 됩니다.

군자와 소인의 차이 2

공자께서 말씀하셨다.

"군자는 덕을 생각하고 소인은 안온한 삶의 터를 생각하며,

군자는 두루 적용되는 법을 생각하고 소인은 작은 혜택을 생각한다."

子曰: "君子懷德, 小人懷土; 君子懷刑, 小人懷惠."
자 왈   군자회덕   소인회토   군자회형   소인회혜

이익만 좇으면 원망을 산다

공자께서 말씀하셨다.

"이익에 따라 행동하면 원한을 사는 일이 많아진다."

子曰: "放於利而行, 多怨."
자 왈   방어리이행   다원

해설

자신의 이익만 좇으면 다른 사람과 부딪히고 싸우게 되기 마련입니다. 사리사욕에 눈이 멀어서 잔인하게 남을 밀어내고 이득을 취하면 많은 사람의 원한을 사게 됩니다. 공자는 "눈앞의 이득을 보면 의를 생각하라見利思義"고 말했습니다. 인자나 군자는 자신의 물질적인 이득보다 모든 사람을 잘살게 하는 인덕을 앞세웁니다.

예와 겸양으로 다스려라

공자께서 말씀하셨다.

"예와 겸양으로 나라를 다스린다면 무슨 문제가 있겠는가?

예와 겸양으로 나라를 다스리지 못한다면 예를 해서 무엇하겠는가?"

子曰: "能以禮讓爲國乎, 何有? 不能以禮讓爲國, 如禮何?"
자 왈   능 이 례 양 위 국 호   하 유   불 능 이 례 양 위 국   여 례 하

해설

　나라를 다스리는 기본은 바로 예에 있으며, 예가 있어야 나라의 기강과 질서가 바로 섭니다. 예로 나라를 다스리지 못한다면 예가 필요 없다는 뜻이기도 합니다.

남이 알아주지 않음을 걱정하지 말고
알아줄 만한 사람이 되도록 노력하라

공자께서 말씀하셨다.

"지위를 얻지 못했음을 걱정하지 말고

그 자리에 설 수 있는 능력을 갖추기를 걱정해야 하며,

남이 자기를 알아주지 않는 것을 걱정하지 말고

남이 알아줄 정도가 되도록 노력해야 한다."

子曰: "不患無位, 患所以立; 不患莫己知, 求爲可知也."
자 왈   불 환 무 위 환 소 이 립 불 환 막 기 지 구 위 가 지 야

공자의 도 🐼

공자께서 말씀하셨다.

"삼아! 나의 도는 하나로 관통된다."

증자가 대답하였다.

"예."

공자께서 나가시자 문인들이 물었다.

"무슨 말씀입니까?"

증자가 말했다.

"선생님의 도는 충忠과 서恕일 따름입니다."

子曰: "參乎! 吾道一以貫之." 曾子曰: "唯." 子出, 門人問曰:
자 왈   삼 호   오 도 일 이 관 지   증 자 왈   유   자 출 문 인 문 왈

"何謂也?" 曾子曰: "夫子之道, 忠恕而已矣."
하 위 야   증 자 왈   부 자 지 도   충 서 이 이 의

🔖해설

공자는 일관된 도리를 강조하고 있습니다. 그것은 다름 아닌 인仁입니다. 이 인을 공자는 사람을 사랑하는 것愛人이라고 했고, 자기의 사욕을 누르고 예로 돌아가는 것克己復禮이라고 했으며, 또한 내가 원치 않는 것을 남에게 시키지 않는 것己所不欲 勿施於人이라고도 했습니다.

공자의 수제자 증자는 인을 충서忠恕로 풀이하고 있습니다. 충忠은 자기의 도리를 다하는 것이고, 서恕는 나의 처지로 미루어 남의 입장을 이해하며 관용을 베푼다는 뜻입니다.

군자는 의를 밝히고 소인은 이익을 밝힌다 🐼

공자께서 말씀하셨다.
"군자는 의를 밝히고, 소인은 이익을 밝힌다."

子曰: "君子喩於義, 小人喩於利."
자 왈   군 자 유 어 의   소 인 유 어 리

모든 사람이 스승이다 🐼

공자께서 말씀하셨다.
"어진 사람을 보면 그와 같이 되기를 생각하고,
어질지 못한 사람을 보면
자신 또한 그렇지 않은지 깊이 반성한다."

子曰: "見賢思齊焉, 見不賢而內自省也."
자 왈   견 현 사 제 언   견 불 현 이 내 자 성 야

부모를 섬기는 자세 🐼

공자께서 말씀하셨다.
"부모를 섬길 때는
부모님께 잘못이 있더라도 조심스럽게 말씀드리고,
　설혹 나의 말이 받아들여지지 않더라도 더욱더 공경하여 부모의
뜻을 어겨서는 안 되며,
　아무리 힘들더라도 원망하지 않아야 한다."

　子曰：“事父母幾諫, 見志不從, 又敬不違, 勞而不怨."
　자 왈　　사 부 모 기 간　　견 지 부 종　　우 경 불 위　　노 이 불 원

부모가 살아 계시면 🐼

공자께서 말씀하셨다.
"부모님이 생존해 계실 때는 먼 곳으로 가서는 안 되며,
부득이하게 떠나갈 때는 반드시 방향(행선지)이 있어야 한다."

　子曰：“父母在, 不遠遊, 遊必有方."
　자 왈　　부 모 재　 불 원 유　 유 필 유 방

부모의 나이를 새겨야 하는 이유 🐼

공자께서 말씀하셨다.

"부모님의 연세를 잘 기억해야 한다.

부모님의 연세를 알고 있으면

한편으로는 부모님이 장수하심을 알게 되어 기쁘고,

한편으로는 부모님이 늙어 가시는 것을 두려워할 수 있기 때문이다."

子曰: "父母之年, 不可不知也. 一則以喜, 一則以懼."
자 왈   부 모 지 년   불 가 부 지 야   일 즉 이 희   일 즉 이 구

실천하지 못할 말은 하지도 말라 🐼

공자께서 말씀하셨다.

"옛사람들이 말을 함부로 하지 않은 것은

실천이 따르지 못할 것을 부끄러워했기 때문이다."

子曰: "古者言之不出, 恥躬之不逮也."
자 왈   고 자 언 지 불 출   치 궁 지 불 체 야

자신을 다스리면 실수가 적어진다 🐼

공자께서 말씀하셨다.
"언행을 삼가 신중히 하면 실수하는 일이 드물다."

子曰: "以約失之者鮮矣."
자 왈   이 약 실 지 자 선 의

말보다 행동 🐼

공자께서 말씀하셨다.
"군자는 말은 어눌하되 행동은 민첩하고자 한다."

子曰: "君子欲訥於言而敏於行."
자 왈   군 자 욕 눌 어 언 이 민 어 행

《논어》에는 눌변訥辯일지라도 말없이 실행하는 사람에 대한 경구가 많
습니다. 공자는 말만 많고 실행에 옮기지 않는 사람을 경계했습니다.

덕이 있는 사람은 외롭지 않다

공자께서 말씀하셨다.
"덕이 있는 사람은 외롭지 않고 반드시 이웃이 있다."

子曰: "德不孤, 必有隣."
자 왈   덕 불 고   필 유 린

충고도 잦으면 듣기 싫은 법

자유가 말하였다.
"임금을 섬김에 간언을 자주 하면 곤욕을 당하게 되고,
친구를 사귐에 충고를 자주 하면 사이가 소원해진다."

子游曰: "事君數, 斯辱矣; 朋友數, 斯疏矣."
자 유 왈   사 군 삭 사 욕 의 붕 우 삭 사 소 의

해설

신하는 임금에게 충간忠諫하고 친구는 서로 충고忠告하는 것이 좋습니다. 그러나 상대의 자존심이나 체면을 손상하지 않는 범위 안에서 담담한 태도로 해야 합니다. 지나칠 정도로 자주 하거나 상대방에게 불쾌감을 줄 정도로 끈질기게 하면 결국은 사이가 멀어지게 마련입니다.

제 5 편

공야장 公冶長

썩은 나무는 조각할 수 없다

이 편에는 인물에 대한 평이 많습니다.
간결하면서도 재치 있는 말로
여러 사람의 성품, 지혜, 강직, 선악 등을 평하고,
사람을 등용하는 방법에 대해서도 말합니다.

빅데이터 시대에 10대가 꼭 알아야 할
논어

도가 없어도 살 사람 🐼

　　공자께서 공야장에 대해 말씀하셨다.

　　"사위로 삼을 만하다. 비록 포승에 묶여 감옥에 갇힌 적은 있지만 그의 죄가 아니다"라고 하시고 자신의 딸을 그에게 시집보내셨다.

　　공자께서 남용에 대해 말씀하셨다.

　　"나라에 도가 행해지고 있을 때는 버림을 받지 아니하고, 나라에 도가 행해지지 않을 때도 형벌을 면할 만한 사람이다"라고 하시고 형의 딸을 그의 처로 삼게 하셨다.

　　子謂公冶長: "可妻也. 雖在縲絏之中, 非其罪也." 以其子妻之.
　　자 위 공 야 장　　　가 처 야　수 재 류 설 지 중　비 기 죄 야　　이 기 자 처 지

　　子謂南容, "邦有道, 不廢; 邦無道, 免於刑戮." 以其兄之子妻之.
　　자 위 남 용　　　방 유 도　불 폐　방 무 도　면 어 형 륙　　이 기 형 지 자 처 지

군자는 군자에게서 난다

공자께서 자천에 대해 말씀하셨다.
"군자로다, 이 같은 사람은!
그러나 노나라에 군자가 없었다면
그가 어디에서 이런 군자다움을 취하였겠는가?"

子謂子賤, "君子哉若人! 魯無君子者, 斯焉取斯?"
자 위 자 천　　군 자 재 약 인　　노 무 군 자 자　　사 언 취 사

해설

　공자가 제자 자천을 치켜세우는 한편 자신의 고향인 노나라의 정치가
지금은 혼란하지만 원래는 빼어난 군자들이 살던 나라임을 자랑한 것입
니다.

너는 귀하게 쓰일 그릇 🐼

자공이 물었다.
"저는 어떤 사람입니까?"
공자께서 말씀하셨다.
"너는 그릇이다."
"무슨 그릇입니까?"
"호련이다."

子貢問曰: "賜也何如?" 子曰: "女, 器也." 曰: "何器也?" 曰:
자 공 문 왈   사 야 하 여   자 왈   여 기 야   왈   하 기 야   왈

"瑚璉也."
호 련 야

🔖 해설

　자공은 언변言辯이 뛰어났고 이재理財에 밝았습니다. 그래서 공자는 "자공은 통달했으니, 정치에 종사해도 아무 걱정이 없다"고 말한 바 있습니다. 여기서도 공자는 "너는 종묘 제사에서 쓰이는 호련 같은 좋은 그릇이다"라고 칭찬하고 있습니다. 즉 높은 벼슬에 올라 귀하게 쓰일 것이라는 뜻입니다.

말재주를 어디에 쓰겠는가

어떤 사람이 말하였다.

"염옹은 어질지만 말재주가 없습니다."

공자께서 말씀하셨다.

"말재주가 무슨 소용이 있는가?

말재주로 교묘하게 응수한다 해도 결국 남에게 미움을 사게 된다.

그가 어진지는 모르겠으나 말재주를 어디에 쓰겠는가?"

或曰: "雍也仁而不佞." 子曰: "焉用佞? 禦人以口給, 屢憎於人
혹 왈   옹 야 인 이 불 녕   자 왈   언 용 녕   어 인 이 구 급   누 증 어 인

不知其仁, 焉用佞?"
부 지 기 인   언 용 녕

자신을 아는 사람 🐼

공자께서 칠조개에게 관직에 나갈 것을 권하시자 칠조개가 말하였다.

"저는 아직 그 일을 감당할 자신이 없습니다."

그러자 공자께서 몹시 기뻐하셨다.

子使漆雕開仕, 對曰: "吾斯之未能信." 子說.
자 사 칠 조 개 사   대 왈   오 사 지 미 능 신   자 열

해설

공자는 인격 완성을 목표로 두고 제자들을 가르쳤는데, 많은 제자가 학문보다 벼슬에 관심을 두었기 때문에 실망했습니다. 이와 달리 칠조개는 공자가 벼슬을 권하자 정중하게 사양했는데, 자기의 분수를 알아 거절하는 것을 보고 공자가 놀라고 기꺼워한 것입니다.

용맹에도 지혜가 따라야 한다 🐼

공자께서 말씀하셨다.

"도가 행해지지 않아 뗏목을 타고 바다로 나간다면 나를 따라올 사람은 아마도 자로일 것이다."

자로가 이 말을 듣고 기뻐하자 공자께서 말씀하셨다.

"자로는 용맹을 좋아함이 나를 능가하지만 사리를 분별할 줄 모른다."

子曰: "道不行, 乘桴浮於海, 從我者, 其由與." 子路聞之喜.
자왈　도불행 승부부어해 종아자 기유여　자로문지희

子曰: "由也好勇過我, 無所取材."
자왈　유야호용과아 무소취재

📎 해설

공자의 노력에도 불구하고, 당시의 천하는 도가 실현되지 않고 혼란에 빠져 있었습니다. 이에 낙담한 공자는 뗏목을 타고 바다로 가겠다는 생각을 하면서 좌우를 살폈는데, 자로가 눈에 띄었습니다. 자로가 무술이 뛰어난 무사라 데려갈까 했던 것이지요. 그런데 자로가 동행자로 지목된 것만 기뻐하고 낙담한 공자의 뜻을 살피지는 못하자, 공자가 자로를 꾸짖은 것입니다.

능력과 어짐은 다르다 🐼

맹무백이 물었다.

"자로는 어진 사람입니까?"

공자께서 대답하셨다.

"모르겠습니다."

그가 다시 물으니 공자께서 말씀하셨다.

"유(자로)는 제후의 나라에서 군사를 호령할 수는 있겠지만 그가 어진 사람인지는 모르겠습니다."

"구(염유)는 어떻습니까?"

공자께서 말씀하셨다.

"구는 천 호 정도 되는 큰 고을의 읍장이나 경대부의 집에서 가재 노릇을 할 만하나 어진 사람인지는 모르겠습니다."

"적(자화)은 어떻습니까?"

공자께서 말씀하셨다.

"적은 의관을 갖추고 조정에 서서 빈객들을 접대할 만은 하지만 어진 사람인지는 모르겠습니다."

孟武伯問: "子路仁乎?" 子曰: "不知也." 又問, 子曰:
맹 무 백 문　자 로 인 호　　자 왈　　부 지 야　　우 문　자 왈

"由也, 千乘之國, 可使治其賦也, 不知其仁也." "求也何如?"
　유 야　천 승 지 국　가 사 치 기 부 야　부 지 기 인 야　　　구 야 하 여

子曰: "求也, 千室之邑, 百乘之家, 可使爲之宰也, 不知其仁也."
자 왈　　구 야　천 실 지 읍　백 승 지 가　가 사 위 지 재 야　부 지 기 인 야

"赤也何如?" 子曰: "赤也, 束帶立於朝, 可使與賓客言也,
　적 야 하 여　　자 왈　　적 야　속 대 립 어 조　가 사 여 빈 객 언 야

不知其仁也."
부 지 기 인 야

　노나라 권력자 맹무백의 물음에 공자가 답한 것입니다. 공자의 학문은 인이 중심인데, 제자들이 인을 중심으로 학문을 닦지 않았기 때문에 공자는 제자들을 말할 때 인이란 말을 한마디도 사용하지 않았습니다.

공자가 인정한 제자

공자께서 자공에게 물으셨다.

"너와 안회는 누가 더 나으냐?"

"제가 어찌 감히 안회와 견주기를 바라겠습니까? 안회는 하나를 들으면 열을 알지만, 저는 하나를 들으면 둘을 알 뿐입니다."

공자께서 말씀하셨다.

"안회만 못하니라. 너와 나는 모두 그보다 못하니라."

子謂子貢曰: "女與回也孰愈?" 對曰: "賜也何敢望回?
자 위 자 공 왈   여 여 회 야 숙 유   대 왈   사 야 하 감 망 회

回也聞一以知十, 賜也聞一以知二." 子曰: "弗如也.
회 야 문 일 이 지 십 사 야 문 일 이 지 이   자 왈   불 여 야

吾與女弗如也."
오 여 여 불 여 야

해설

자공은 구변이 좋고 돈벌이를 잘하는 현실주의자였습니다. 이와 대조되는 제자가 안빈낙도하는 안회였습니다. 공자는 자공에게 "너하고 안회 중에 누가 낫다고 생각하느냐?"라고 물었습니다. 그러자 자공이 자기가 안회보다 못하다는 것을 자인한 것입니다. 공자는 "너만이 아니다. 나도 안회를 못 따라간다"라고 말하며, 솔직하게 대답한 자공을 칭찬 겸 위로해 주었습니다.

썩은 나무에는 조각할 수 없다 🐼

재여가 낮잠을 자고 있자, 공자께서 말씀하셨다.

"썩은 나무에는 조각을 할 수 없고, 더러운 흙으로 쌓은 담장은 흙손질을 할 수가 없다. 재여 같은 인간을 나무라서 무엇하겠는가?"

공자께서 말씀하셨다.

"처음에 나는 사람을 대할 때, 그의 말을 듣고 그 행실을 믿었는데, 이제 나는 그의 말을 듣고서도 그의 행실을 살펴보게 되었다. 재여로 인해 내가 사람 대하는 태도를 고치게 된 것이다."

宰予晝寢, 子曰: "朽木不可雕也, 糞土之牆不可杇也.
재 여 주 침   자 왈   후 목 불 가 조 야   분 토 지 장 불 가 오 야

於予與何誅." 子曰: "始吾於人也, 聽其言而信其行; 今吾於人也,
어 여 여 하 주   자 왈   시 오 어 인 야   청 기 언 이 신 기 행   금 오 어 인 야

聽其言而觀其行. 於予與改是."
청 기 언 이 관 기 행   어 여 여 개 시

🔔 해설

공자는 교육에 대한 열정이 누구보다 컸습니다. 그런데 재여가 낮잠을 자고 있자, 학문에 대한 게으름을 질책한 것입니다.

탐욕스러운 이가 강직할 수는 없다 🐼

공자께서 말씀하셨다.

"나는 아직 강직한 사람을 보지 못했다."

어떤 사람이 대답하였다.

"신정이 강직합니다."

그러자 공자께서 말씀하셨다.

"신정은 탐욕스러운데 어찌 강직하다고 할 수 있겠느냐?"

子曰: "吾未見剛者." 或對曰: "申棖." 子曰: "棖也慾, 焉得剛?"
자왈   오 미 견 강 자   혹 대 왈   신 정   자 왈   정 야 욕 언 득 강

제자의 부족함을 일깨우다

자공이 말하였다.

"저는 남이 저에게 하기를 바라지 않는 일을 저 또한 남에게 하지 않으려고 합니다."

공자께서 말씀하셨다.

"사야, 그것은 네가 해낼 수 있는 바가 아니다."

子貢曰: "我不欲人之加諸我也, 吾亦欲無加諸人." 子曰: "賜也,
자 공 왈   아 불 욕 인 지 가 저 아 야   오 역 욕 무 가 저 인   자 왈   사 야

非爾所及也."
비 이 소 급 야

해설

자공은 공자의 제자 중에서도 스스로 내세우기를 좋아하는 사람입니다. 또한 인을 실천하는 단계에 이르지도 못했고 작은 그릇에서 벗어나지 못한 인물입니다. 그런 자공의 결점을 공자가 타이르고 있는 문장입니다.

실천적 가르침을 추구한 공자 🐼

자공이 말하였다.

"선생님의 인생철학에 대한 가르침은 늘 받아 왔지만,
선생님께서 인간의 본성과 천도에 대해 말씀하시는 것은 들을 수
가 없었다."

子貢曰: "夫子之文章, 可得而聞也; 夫子之言性與天道,
자 공 왈   부 자 지 문 장 가 득 이 문 야 부 자 지 언 성 여 천 도
不可得而聞也."
불 가 득 이 문 야

🖊️**해설**

공자가 관념 철학보다는 생활 속의 실천을 중시했다는 것을 의미하는
글입니다. 여기서 '문장文章'은 말이나 글 또는 행동으로 드러나는 가르침
으로 보기도 합니다. '성여천도性與天道'에서 '성性'은 타고난 본성으로의
성품을 말하고, '천도天道'는 자연의 이치를 뜻합니다. 이것은 현실에서 쉽
게 검증할 수 없고 추상적 논의에 빠지기 쉽기 때문에 공자는 제자들에게
이런 이야기를 하지 않았습니다.

배움은 실천으로 완성된다 🐼

자로는 가르침을 듣고
그것을 아직 실행하지 못했으면
새로운 가르침 듣기를 두려워했다.

子路有聞, 未之能行, 唯恐有聞.
자 로 유 문 미 지 능 행 유 공 유 문

아랫사람에게 묻는 것을 부끄러워 말라 🐼🐼

자공이 물었다.

"공문자에게는 어찌하여 '문文'이라는 시호를 붙였습니까?"

공자께서 말씀하셨다.

"그는 영민하면서도 배우기를 좋아하였고, 자기보다 못한 아랫사람에게 묻는 것을 부끄럽게 여기지 않았으므로 그의 시호를 문文이라 한 것이다."

子貢問曰: "孔文子何以謂之文也?" 子曰: "敏而好學, 不恥下問,
자 공 문 왈   공 문 자 하 이 위 지 문 야   자 왈   민 이 호 학   불 치 하 문
是以謂之文也."
시 이 위 지 문 야

🔖 **해설**

공문자는 위衛나라의 대부입니다. 그가 죽자 위나라 군자는 그에게 공문자라는 시호를 하사했습니다. 하지만 그는 생전에 높이 평가할 만한 모범된 삶을 살지 못했습니다. 그런 공문자에게 '문文'이란 시호가 주어진 것을 의아하게 생각한 자공이 물은 것입니다.

군자의 도를 갖춘 사람

공자께서 자산에 대하여 말씀하셨다.

"그는 군자의 도를 네 가지 갖추고 있었다.

몸가짐이 겸허하였고,

윗사람 섬김에는 공경스러웠으며,

백성을 다스림이 은혜로웠고,

백성을 부리되 도리에 맞도록 하였다."

子謂子産, "有君子之道四焉: 其行己也恭, 其事上也敬,
자 위 자 산   유 군 자 지 도 사 언   기 행 기 야 공   기 사 상 야 경

其養民也惠, 其使民也義."
기 양 민 야 혜   기 사 민 야 의

해설

   공자가 존경했던 정치가인 자산子産에 대해 말한 것으로 이 네 가지는
공자가 거론한 군자의 조건입니다.

오래 사귀어도 변치 않는 사람 🐼

공자께서 말씀하셨다.
"안평중은 사람들과의 교제를 잘하였으니,
사귄 지 오래되어도 변함없이 공경스러웠다."

子曰: "晏平仲善與人交, 久而敬之."
자 왈   안 평 중 선 여 인 교   구 이 경 지

🔖 **해설**

안평중은 제나라 영공靈公, 장공莊公, 경공景公 등 3대 군주를 섬겼고,
나라를 여러 번 위기에서 구한 인물입니다. 공자는 안평중을 좋아하지 않
았습니다. 그럼에도 안평중의 합리성과 인격에는 존경을 보냈습니다.

충직함과 어짐은 다르다

자장이 물었다.

"자문은 세 번이나 벼슬에 나가 영윤이 되었으되 기뻐하는 기색이 없었고, 세 번이나 벼슬을 그만두게 되었어도 원망함이 없었습니다. 또한 자리를 물릴 때는 자신의 정사를 반드시 후임 영윤에게 일러 주었습니다. 그는 어떻습니까?"

공자께서 말씀하셨다.

"충직한 사람이구나."

"어질다 하겠습니까?"

"모르겠다만 어찌 어질다 하겠느냐?"

子張問曰: "令尹子文三仕爲令尹, 無喜色, 三已之, 無慍色.
자장문왈   영윤자문삼사위령윤 무희색   삼이지 무온색

舊令尹之政, 必以告新令尹. 何如?" 子曰: "忠矣."
구 령윤지정 필이고신령윤   하여   자왈   충의

曰: "仁矣乎?" 曰: "未知, 焉得仁?"
왈   인의호   왈   미지 언득인

116 ·

두 번 생각해도 충분하다 🐼🐼

　계문자는 세 번 생각한 후에야 실행에 옮겼는데 공자께서 이를 듣고 말씀하셨다.
　"두 번이면 된다."

李文子三思而後行, 子聞之, 曰 : "再斯可矣."
계 문 자 삼 사 이 후 행　자 문 지　왈　　재 사 가 의

🔖 해설

　계문자는 노나라의 대부로 박식하고, 재주가 몹시 뛰어났는데 일을 처리할 때는 반드시 세 번씩 생각하고 난 다음에 실천에 옮겼습니다. 공자는 이 말을 듣고 지나친 생각은 오히려 우유부단을 일으킬 수 있으므로 두 번이면 족하다고 했습니다. 또한 공자는 생각을 너무 많이 하면 오히려 실수를 저지를 수도 있다고 충고했습니다.

어리석은 척하는 것도 지혜

공자께서 말씀하셨다.

"영무자는 나라에 도가 행해질 때는 지혜롭게 행동하고,

나라에 도가 행해지지 않을 때는 어리석은 척했다.

그의 지혜로움은 따라갈 수 있지만

그 어리석은 듯한 행동은 아무나 따를 수 없느니라."

子曰: "甯武子, 邦有道則知, 邦無道則愚. 基知可及也,
자 왈　　영무자　방유도즉지　방무도즉우　기지가급야

其愚不可及也."
기우불가급야

옥석도 다듬어야 한다 🐼

공자께서 진나라에 계실 때 말씀하셨다.
"돌아가자! 돌아가자!
고향에 있는 제자들은 뜻은 크고 진취적이지만 일에 미숙하고,
훌륭한 기본은 갖추었지만 일을 바르게 재량할 줄 모르는구나."

子在陳, 曰: "歸與, 歸與! 吾黨之小子狂簡, 斐然成章,
자 재 진 왈   귀 여 귀 여   오 당 지 소 자 광 간   비 연 성 장
不知所以裁之."
부 지 소 이 재 지

🎣 **해설**

노나라의 정치를 전횡하던 계환자가 죽고 그 뒤를 이은 계강자가 공자
의 제자 염구를 초빙했습니다. 이에 당시 진나라에 머물고 있던 공자는
새 시대에 대한 희망을 안고 고향으로 돌아가 자신의 이상을 제자들에게
전수하기로 마음먹습니다. 애공 11년, 계강자가 염구의 권고로 공자에게
귀국을 정식으로 요청하고, 비로소 공자는 10여 년간의 유랑 생활을 마치
게 됩니다.

원망은 원망을 부른다 🐼

공자께서 말씀하셨다.
"백이와 숙제는 지난날의 원한을 생각지 않았다.
그러므로 이들을 원망하는 사람도 드물었다."

子曰: "伯夷叔齊不念舊惡, 怨是用希."
자 왈   백 이 숙 제 불 념 구 악   원 시 용 희

해설

  형 백이와 동생 숙제는 고죽국의 왕자였습니다. 백이는 부왕父王이 평
소 동생 숙제에게 왕위를 물려주려 하는 것을 잘 알고 있었으므로 부왕이
죽은 후 주나라 문왕文王의 덕을 흠모하여 주나라로 갔습니다. 그런데 동
생 숙제도 백이를 따라오는 바람에 고죽국에서는 결국 셋째가 왕위를 계
승했습니다.
  이들이 갔을 때 주나라는 문왕이 죽고, 그의 아들 무왕武王이 은나라 주
왕紂王을 치려 하고 있었습니다. 이에 그들은 앞으로 나가서 무왕의 말고
삐를 잡고 말했습니다.
  "부친의 상례도 다 마치지 않고 군대를 동원하는 것은 불효요, 은나라
의 신하로서 임금을 치려는 것은 불충입니다."
  그러자 출동하던 주나라 군사들이 칼을 뽑아 두 사람을 죽이려고 했습
니다. 군사 강태공이 큰소리로 "그들은 의인이다"라고 외치며 제지하여
백이와 숙제는 살아남았습니다. 그러나 주나라가 천하를 통일한 다음에
도 그들은 불의를 저지른 주나라 곡식을 먹을 수 없다며, 수양산에 들어
가 고사리를 따 먹으며 굶어 죽었다고 전해집니다.

백이와 숙제는 정의와 청렴을 대표하는 인물입니다. 원래 정의감이 강하고 청렴결백한 사람은 무도한 악인을 미워하게 마련입니다. 그러나 백이와 숙제는 남의 악덕을 막으려고 했을 뿐, 사람 자체를 미워하거나 원망하지 않았습니다. 이 점을 공자가 높이 평한 것입니다.

미생의 신의

공자께서 말씀하셨다.

"누가 미생고를 정직하다고 하는가?

어떤 사람이 그에게 식초를 얻고자 하자 그는 이웃집에 가서 얻어다 주었다."

子曰: "孰謂微生高直? 或乞醯焉, 乞諸其隣而與之."
자 왈   숙 위 미 생 고 직   혹 걸 혜 언   걸 저 기 린 이 여 지

해설

미생지신尾生之信이라고 하면 보통 융통성이 없어 하나만 알고 둘은 모르는 어리석은 신의를 일컫는 말로 쓰입니다. 미생이 식초를 얻으려고 온 사람에게 이웃의 식초를 얻어다 주면서까지 준 것은 갸륵한 일입니다. 그러나 공자는 자기에게 없으면 없다고 하는 것이 더욱 정직하고 떳떳하다고 여긴 것입니다.

좌구명이 부끄러워한 일 🐼

공자께서 말씀하셨다.

"겉으로 말을 잘 꾸미고 낯빛을 부드럽게 하고,

지나치게 공손한 척하는 태도를 좌구명이 부끄럽게 여겼듯이

나 또한 그것을 부끄럽게 여긴다.

또 속의 원한을 감추고 친한 척하는 것을 좌구명이 부끄럽게 여긴

것처럼

나도 그것을 부끄럽게 여긴다."

子曰: "巧言令色足恭, 左丘明恥之, 丘亦恥之; 匿怨而友其人,
자 왈   교 언 영 색 주 공 좌 구 명 치 지 구 역 치 지   익 원 이 우 기 인

左丘明恥之, 丘亦恥之."
좌 구 명 치 지 구 역 치 지

노인은 편안하게, 벗은 미덥게, 젊은이는 사랑으로 🐼

안연과 자로가 공자를 모시고 있을 때 공자께서 말씀하셨다.

"너희들의 소망하는 바를 각기 말해 보지 않겠느냐?"

자로가 말하였다.

"좋은 말과 수레와 가벼운 가죽옷을 얻어 벗들과 같이 나눠 쓰다가, 끝내 헐어 못 쓰게 된다 해도 아깝게 여기지 않겠습니다."

안연이 말하였다.

"착한 일을 남에게 자랑하지 않고, 남에게 힘든 일을 강요하지 않겠습니다."

자로가 말하였다.

"선생님께서 원하시는 바를 듣고 싶습니다."

공자께서 말씀하셨다.

"노인들을 편하게 해주고, 벗들에게는 신의를 지키며, 젊은이들을 사랑으로 품고자 한다."

顔淵季路侍, 子曰: "盍各言爾志?" 子路曰: "願車馬衣輕裘,
안 연 계 로 시   자 왈   합 각 언 이 지   자 로 왈   원 거 마 의 경 구

與朋友共, 敝之而無憾." 顔淵曰: "願無伐善, 無施勞." 子路曰:
여 붕 우 공   폐 지 이 무 감   안 연 왈   원 무 벌 선   무 시 로   자 로 왈

"願聞子之志." 子曰: "老者安之, 朋友信之, 少者懷之."
원 문 자 지 지   자 왈   노 자 안 지   붕 우 신 지   소 자 회 지

스스로 돌아보고 반성하라 🐼

공자께서 말씀하셨다.
"끝났구나!
아직까지 자기의 잘못을 보고
스스로 반성할 줄 아는 사람을 보지 못했으니."

子曰: "己矣乎! 吾未見能見其過而內自訟者也."
자 왈   이 의 호   오 미 견 능 견 기 과 이 내 자 송 자 야

배우기를 좋아하는 사람 🐼

공자께서 말씀하셨다.
"열 가구 정도의 작은 마을에도
반드시 충성과 신의에 있어서는 나만한 사람이 있을 것이다.
그러나 나만큼 학문을 좋아하는 사람은 없을 것이다."

子曰: "十室之邑, 必有忠信如丘者焉, 不如丘之好學也."
자 왈   십 실 지 읍 필 유 충 신 여 구 자 언 불 여 구 지 호 학 야

제 6편

옹야 雍也
꾸밈과 바탕이
어우러져야 군자다

이 편에는 공자의 제자들에 대한 인물 평가가 많이 실려 있습니다.
전반부는 대체로 여러 인물을 배척하는 구절이 많고,
후반부는 칭찬하는 구절이 많습니다.
특히 후반부에는 인仁, 지知, 군자君子에 대한 구절이 많아
공자의 사상을 엿볼 수 있습니다.

빅데이터 시대에 10대가 꼭 알아야 할
논어

대범함도 지나치면 문제 🐼

공자께서 말씀하셨다.

"염옹이라면 한 나라를 다스리게 해도 좋을 만큼 훌륭한 인품과 자질을 갖추었다."

중궁이 자상백자에 대해 묻자 공자께서 말씀하셨다.

"괜찮다. 그는 대범하다."

중궁이 말했다.

"몸가짐이 경건하면서 그 행하는 바가 대범하여 그것을 백성들에게 펼친다면 좋다고 할 수 있겠습니다만 몸가짐도, 행하는 바도 줄곧 스스럼없기만 하다면 대범한 것도 정도가 지나친 것 아니겠습니까?"

공자께서 말씀하셨다.

"네 말이 옳다."

子曰: "雍也可使南面." 仲弓問子桑伯子, 子曰: "可也, 簡."
자 왈   옹 야 가 사 남 면   중 궁 문 자 상 백 자   자 왈   가 야   간

仲弓曰: "居敬而行簡, 以臨其民, 不亦可乎, 居簡而行簡,
중 궁 왈   거 경 이 행 간,   이 림 기 민,   불 역 가 호,   거 간 이 행 간,

無乃大簡乎?" 子曰: "雍之言然."
무 내 태 간 호   자 왈   옹 지 언 연

화를 옮기지 않고 잘못을 되풀이하지 않는다

애공이 물었다.

"제자들 중에서 누가 배우기를 가장 좋아합니까?"

공자께서 대답하셨다.

"안회가 배우기를 좋아했습니다. 그는 다른 사람에게 화풀이를 하지 않았고 같은 잘못을 두 번 되풀이하지 않았으나 불행히도 명이 짧아 지금은 없습니다. 그 후로는 배우기를 좋아하는 사람이 누군지 아직 알지 못합니다."

哀公問: "弟子孰爲好學?" 孔子對曰: "有顔回者好學, 不遷怒,
애 공 문　　제 자 숙 위 호 학　　공 자 대 왈　　유 안 회 자 호 학　불 천 노

不貳過. 不幸短命死矣. 今也則亡, 未聞好學者也."
불 이 과　불 행 단 명 사 의　금 야 즉 무　미 문 호 학 자 야

해설

노나라 애공이 공자에게 제자 가운데 학문이 가장 뛰어난 사람이 누구인지 묻는 문장입니다. 안회는 공자가 가장 사랑했던 제자인데 일찍 죽었습니다. 그가 죽은 이후에는 학문을 좋아하는 제자가 없다고 한 것을 보면 공자가 그의 죽음을 얼마나 애통해했는지 알 수 있습니다.

이웃과 나누어라 🐼🐼

원사가 영읍의 책임자로 있을 때 공자가 그에게 곡식 구백 석을 주었다. 그가 너무 많다며 사양하자, 공자께서 말씀하셨다.

"사양하지 마라! 그것을 네 이웃과 마을 사람들에게 나눠 주면 되지 않느냐!"

原思爲之宰, 與之粟九百, 辭. 子曰: "毋! 以與爾隣里鄕黨乎!"
원 사 위 지 재   여 지 속 구 백   사   자 왈   무   이 여 이 린 리 향 당 호

🔖 해설

원사는 공자의 제자 중 가장 청빈한 사람이었습니다. 공자는 노나라에서 벼슬에 올라 영지를 받게 되었을 때, 원사를 가신으로 임명해 자신의 영지를 관리하게 하고 900석이라는 많은 양의 곡식을 녹봉으로 주었습니다. 청빈한 원사가 녹봉이 너무 많다고 사양하자 공자는 마땅히 주어야 할 녹봉이므로 사양하지 말고, 너무 많다고 생각되면 마을의 곤궁한 사람들에게 나눠 주라고 했습니다.

빼어난 사람은 쓰임 받게 된다

공자께서 중궁에게 말씀하셨다.
"얼룩소의 새끼라도 그 털색이 붉고 뿔이 바르다면
사람들이 비록 제물로 쓰지 않으려 한들
산천의 신이 어찌 그것을 내버려두겠는가?"

子謂仲弓曰: "犁牛之子騂且角, 雖欲勿用, 山川其舍諸?"
자 위 중 궁 왈   이 우 지 자 성 차 각   수 욕 물 용   산 천 기 사 저

해설

　중궁은 출신이 미천한 것에 늘 열등감을 품고 있었습니다. 그래서 공자
는 그에게 자신감과 희망을 불어넣어 주고자 희생물에 비유하여 이 말을
했습니다. 얼룩소는 제물로 쓰기에 가치 없는 소, 그의 미천한 출생을 비
유한 것입니다. 털이 붉고 뿔이 바르게 난 소는 제사에 쓰이는 최상의 소,
즉 나라의 요직에 쓰일 인재를 비유한 것으로, 사람은 출신에 관계없이
스스로의 부단한 연마와 노력이 가장 중요함을 역설한 것입니다.

석 달이나 마음이 인을 떠나지 않다 🐼

공자께서 말씀하셨다.
"안회는 그 마음이 석 달 동안 인에서 떠나지 않지만
그 나머지 사람들은 하루나 한 달에 한 번 인에
생각이 미칠 뿐이다."

子曰: "回也, 其心三月不違仁, 其餘則日月至焉而已矣."
자 왈   회 야   기 심 삼 월 불 위 인   기 여 즉 일 월 지 언 이 이 의

🔖 해설

　인은 공자가 추구했던 덕목이자 그의 목표였습니다. 사람이 사람으로
서의 도리를 실현하는 것이 인이기 때문입니다. 사람이 인을 체득하고 실
현하는 것은 결코 쉬운 일이 아닙니다. 이 문장을 통해 안회의 훌륭함과
더불어 그에 대한 공자의 사랑을 느낄 수 있습니다.

제자들의 장점

계강자가 물었다.

"중유(자로)는 정치에 종사할 만합니까?"

공자께서 말씀하셨다.

"유는 과단성이 있으니 정치에 종사해도 아무 문제가 없습니다."

계강자가 물었다.

"사(자공)는 정치에 종사할 만합니까?"

공자께서 말씀하셨다.

"사는 세상사에 두루 통달하였으니 정치에 종사해도 아무 문제가 없습니다."

계강자가 물었다.

"구(염유)는 정치에 종사할 만합니까?"

공자께서 말씀하셨다.

"구는 재주가 있으니 정치에 종사해도 아무 문제가 없습니다."

季康子問, "仲由可使從政也與?" 子曰: "由也果,
계 강 자 문　　중 유 가 사 종 정 야 여　　자 왈　　유 야 과

於從政乎何有." 曰: "賜也可使從政也與?"
어 종 정 호 하 유　　왈　　사 야 가 사 종 정 야 여

曰: "賜也達, 於從政乎何有." 曰: "求也可使從政也與?"
왈　　사 야 달　어 종 정 호 하 유　　왈　　구 야 가 사 종 정 야 여

曰: "求也藝, 於從政乎何有."
왈　　구 야 예　어 종 정 호 하 유

해설

　공자는 계강자의 질문에 자로의 과감함과 결단성, 자공의 사리에 밝은 통찰력, 염구의 다재다능함 등 정치를 하는 사람에게 필요한 자질을 제시하였습니다.

길이 아니면 가지 말라 🐼

계씨가 민자건을 자신의 식읍인 비읍의 수장으로 삼으려 하자 민
자건이 사신에게 말하였다.

"저를 위하여 그대가 잘 거절해 주십시오.

만약 다시 저를 찾는 일이 있다면

저는 분명히 문수汶水의 강가에 있을 것입니다."

季氏使閔子騫爲費宰, 閔子騫曰: "善爲我辭焉. 如有復我者,
계 씨 사 민 자 건 위 비 재   민 자 건 왈   선 위 아 사 언   여 유 복 아 자

則吾必在汶上矣."
즉 오 필 재 문 상 의

🎣 해설

민자건은 공자의 제자로, 제자 가운데서 덕행으로는 안회 다음이었다
고 합니다. 문수는 노나라와 제나라의 경계를 흐르는 강으로, 문수를 넘
어 가 버린다는 것은 제나라로 망명해 버리겠다는 뜻입니다.

민자건이 벼슬자리를 거절한 것은 권세가인 계씨의 밑에서 일하는 것
이 의롭지 못하다고 생각했기 때문입니다. 윗사람을 거스르는 자를 주인
으로 삼게 되면 그 무도한 일을 돕거나 묵인해야 하는데 그런 벼슬은 안
하는 것이 낫다고 생각한 것입니다.

제자의 병문안을 간 공자 🐼

　백우가 병을 앓자, 공자께서 문병을 가시어 창문 너머로 그의 손을 잡고 말씀하셨다.
　"이럴 수는 없는데, 운명이란 말인가! 이렇게 훌륭한 사람이 이런 병에 걸리다니! 이렇게 훌륭한 사람이 이런 병에 걸리다니!"

　伯牛有疾, 子問之, 自六執其手曰："亡之, 命矣夫!
　백 우 유 질　자 문 지　자 유 집 기 수 왈　　무 지　명 의 부
　斯人也而有斯疾也! 斯人也而有斯疾也!"
　사 인 야 이 유 사 질 야　　사 인 야 이 유 사 질 야

🔖 **해설**

　백우는 안회, 민자건과 더불어 덕행이 뛰어났던 제자입니다. 공자가 창문으로 백우의 손을 잡은 이유는 백우가 병이 옮을 것을 염려하여 직접 만나길 거절했기 때문으로 추측됩니다. "이렇게 훌륭한 사람이 이런 병이 걸리다니!"라고 반복한 것에서 아끼던 제자의 죽음을 앞에 두고 애통해하는 공자의 마음이 잘 드러납니다.

안회는 참으로 어질도다 🐼

공자께서 말씀하셨다.

"참으로 회는 어질도다! 밥 한 그릇과 물 한 바가지로 누추한 곳에 살게 되면 보통 사람들은 그 근심을 견뎌 내지 못하는데, 회는 그렇게 살면서도 그 즐거움이 변치 않으니 참으로 회는 어질도다!"

子曰: "賢哉回也! 一簞食, 一瓢飮, 在陋巷, 人不堪其憂,
자왈   현재회야   일단사   일표음   재루항   인불감기우

回也不改其樂. 賢哉回也!"
회야불개기락   현재회야

스스로 한계를 긋지 말라 🐼

염구가 말하였다.

"선생님의 도를 좋아하지 않는 것이 아니라 제 능력이 부족합니다."
공자께서 말씀하셨다.

"능력이 부족한 사람은 할 수 있는 데까지 해보다가 도중에 그만두는 법인데, 지금 너는 스스로 못한다고 선을 긋고 있구나."

冉求曰: "非不說子之道, 力不足也." 子曰: "力不足者中道而廢,
염구왈   비불열자지도   역부족야   자왈   역부족자중도이폐

今女畫."
금여획

군자다운 선비가 되어라

공자께서 자하에게 말씀하셨다.
"군자다운 선비가 되어라.
소인 같은 선비가 되지 마라."

子謂子夏曰: "女爲君子儒, 無爲小人儒."
자 위 자 하 왈   여 위 군 자 유   무 위 소 인 유

 해설

　자하는 공자의 제자 중에서 문학에 뛰어났는데, 그의 학문이 바르게 펼
쳐지길 바랐기 때문에 공자가 이렇게 말한 것입니다.

지름길로 다니지 않고
공적인 일이 아니면 오지 않는다 🐼

자유가 무성읍의 수장이 되자 공자께서 말씀하셨다.
"너는 좋은 인재를 얻었느냐?"
자유가 대답했다.
"담대멸명이라는 사람이 있습니다.
그는 길을 갈 때 좁은 지름길로 다니지 않고,
공적인 일이 아니면 제 방에 오지 않습니다."

子游爲武城宰, 子曰: "女得人焉爾乎?" 曰: "有澹臺滅明者,
자유위무성재 자왈   여득인언이호   왈   유담대멸명자

行不由徑, 非公事, 未嘗至於偃之室也."
행불유경   비공사   미상지어언지실야

맹지반의 겸손 🐼

공자께서 말씀하셨다.

"맹지반은 공을 자랑하지 않는다.

전쟁에 패하여 달아날 때는 군대의 후미에서 적을 막았으며,

성문에 들어서려고 할 즈음에야 말에 채찍질을 하면서 말하기를,

'일부러 뒤처지려 한 것이 아니라 말이 나아가지 않았소'라고 하였다."

子曰: "孟之反不伐. 奔而殿, 將入門, 策其馬, 曰: '非敢後也,
자 왈   맹 지 반 불 벌   분 이 전   장 입 문   책 기 마   왈   비 감 후 야
馬不進也.'"
마 부 진 야

📎 **해설**

노나라의 군대가 제나라에 패해 도망쳐 노나라의 성문에 들어올 때의 일로 맹지반은 군대가 패주할 때, 제일 뒤에 처져 추격하는 적을 막아 아군이 무사히 피신하는지 살핀 뒤에 성문으로 들어섰습니다. 그러면서 자신을 내세우지 않고 말이 제대로 달리지 않았다고 말했습니다.

축타와 같은 말솜씨가 없으면 🐼

공자께서 말씀하셨다.
"축타와 같은 말솜씨가 없이 송조와 같은 미모만 지녔다면
오늘날과 같은 세상에서 화를 면하기 어려울 것이다."

子曰: "不有祝鮀之佞, 而有宋朝之美, 難乎免於今之世矣."
자 왈   불유축타지녕 이유송조지미 난호면어금지세의

해설

축타는 위나라의 대부로 언변이 좋았다고 합니다. 제후들이 회합을 했을 때, 채나라를 위나라보다 상석에 앉히려는 움직임이 있자 축타가 나서서 논쟁을 벌여 이를 무산시켰습니다. 당시 위나라의 군주는 영공이었는데, 그가 무도한 행동을 많이 하고도 군주의 지위를 잃지 않았던 것은 축타 같은 사람이 있었기 때문이라고 공자는 평가했습니다.

문을 통하지 않으면 나갈 수 없듯
도가 없이는 살 수 없으니 🐼

공자께서 말씀하셨다.

"누구라도 밖으로 나갈 때,

방문을 통과하지 않을 수 있겠는가?

그런데 어찌하여 도의 길을 걸으려는 사람은 없단 말인가?"

子曰: "誰能出不由戶? 何莫由斯道也?"
자 왈   수 능 출 불 유 호   하 막 유 사 도 야

해설

어느 누구도 방문을 통과하지 않고서는 밖으로 나가거나 안으로 들어올 수 없습니다. 공자는 자신이 추구하는 도를 문에 비유하여, 사람이 사람답게 살고자 한다면 마땅히 걸어야 할 길이 도라고 주장한 것입니다.

꾸밈과 바탕이 어우러져야 군자다 🐼

공자께서 말씀하셨다.
"실질적인 내용이 겉모습보다 뛰어나면 너무 투박하고,
겉모습이 실질적인 내용보다 뛰어나면 형식에만 흐르게 된다.
겉모습과 실질적인 내용이 적절히 조화를 이루어야 군자답다."

子曰: "質勝文則野, 文勝質則史. 文質彬彬, 然後君子."
자 왈   질 승 문 즉 야 문 승 질 즉 사 문 질 빈 빈 연 후 군 자

정직하지 않다면 요행히 살아 있는 것일 뿐 🐼

공자께서 말씀하셨다.
"사람이 살아가는 도리는 정직에 있으니
정직하지 않은 삶은 요행히 죽음을 면한 것뿐이다."

子曰: "人之生也直, 罔之生也幸而免."
자 왈   인 지 생 야 직 망 지 생 야 행 이 면

아는 것은 좋아하는 것만 못하고, 좋아하는 것은 즐기는 것만 못하다

공자께서 말씀하셨다.
"알기만 하는 사람은
그것을 좋아하는 사람만 못하고,
좋아하는 사람은
즐기는 사람만 못하다."

子曰: "知之者不如好之者, 好之者不如樂之者."
자 왈   지 지 자 불 여 호 지 자   호 지 자 불 여 락 지 자

가르침도 수준에 맞게

공자께서 말씀하셨다.
"보통 이상의 수준에 해당하는 사람들에게는
높은 수준의 것을 말할 수 있으나,
보통 이하에 해당하는 사람들에게는
높은 수준의 것을 말할 수 없다."

子曰: "中人以上, 可以語上也; 中人以下, 不可以語上也."
자왈   중 인 이 상   가 이 어 상 야   중 인 이 하   불 가 이 어 상 야

해설

'중인이상中人以上'은 사회적 신분의 고하를 말하는 것이 아니라 학문과
인격 도야의 정도를 말합니다. 교육을 받는 사람의 수준에 따라 맞춤 교
육을 해야 한다는 뜻입니다.

지혜롭다는 것, 어질다는 것 🐼

번지가 지혜에 대해 묻자, 공자께서 말씀하셨다.

"사람이 마땅히 해야 할 도리를 실천하는 데 힘을 기울이고, 귀신의 힘을 빌려 복을 구하고 화를 물리치는 어리석은 짓을 하지 않는 것이 지혜로운 사람의 올바른 자세이다."

인에 대해 묻자, 공자께서 말씀하셨다.

"인이란 어려운 일에는 먼저 나서고 이득을 챙기는 데는 남보다 뒤지는 것이니, 이렇게 하면 어질다고 할 수 있다."

樊遲問知, 子曰: "務民之義, 敬鬼神而遠之, 可謂知矣." 問仁, 曰:
번 지 문 지   자 왈   무 민 지 의   경 귀 신 이 원 지   가 위 지 의   문 인   왈
"仁者先難而後獲, 可謂仁矣."
인 자 선 난 이 후 획   가 위 인 의

지혜로운 사람은 물을 좋아하고 어진 사람은 산을 좋아한다

공자께서 말씀하셨다.

"지혜로운 사람은 물을 좋아하고 어진 사람은 산을 좋아한다.
지혜로운 사람은 동적이고 어진 사람은 정적이며,
지혜로운 사람은 인생을 즐겁게 살고 어진 사람은 장수한다."

子曰: "知者樂水, 仁者樂山; 知者動, 仁者靜; 知者樂, 仁者壽."
자 왈　　지 자 요 수　인 자 요 산　지 자 동　인 자 정　지 자 락　인 자 수

해설

　지혜로운 사람과 어진 사람의 특징을 물과 산에 견주어 알기 쉽게 말했습니다. 지혜로운 사람은 모든 이치에 통달하기 때문에 마치 흐르는 물과 같아 물을 좋아합니다. 어진 사람은 정의와 진리에 뜻을 두고 인품이 중후한 것이 산과 같아 산을 좋아합니다.

변화해야만 닿는다 🐼🐼

공자께서 말씀하셨다.
"제나라가 한번 변하면 노나라에 이를 것이요,
노나라가 한번 제대로 변하면 도에 이를 것이다."

子曰: "齊一變, 至於魯, 魯一變, 至於道."
자 왈   제 일 변   지 어 노   노 일 변   지 어 도

속일 수는 있어도 현혹시킬 순 없다 🐼🐼

재아가 물었다.
"어진 사람이라면 '우물에 사람이 빠졌다'라고 외치는 소리를 들으면 곧바로 우물에 들어가야 하지 않을까요?"
공자께서 말씀하셨다.
"어찌 그렇게 할 수 있겠느냐? 군자는 당연히 우물가에 가서 살펴보기는 하겠지만 같이 우물에 빠질 수는 없다. 군자를 그럴 듯한 말로 속일 수는 있지만 근본적으로 판단력을 흐리게 할 수는 없는 것이다."

宰我問曰: "仁者, 雖告之曰: '井有仁焉.' 其從之也?"
재 아 문 왈   인 자   수 고 지 왈   정 유 인 언   기 종 지 야
子曰: "何爲其然也? 君子可逝也, 不可陷也; 可欺也, 不可罔也."
자 왈   하 위 기 연 야   군 자 가 서 야   불 가 함 야   가 기 야   불 가 망 야

널리 배우고 예로써 정리하라

공자께서 말씀하셨다.
"군자는 학문을 널리 배우고 예로써 정리한다면
도에 어긋남이 없을 것이다."

子曰: "君子博學於文, 約之以禮, 亦可以弗畔矣夫."
자 왈　군 자 박 학 어 문　약 지 이 례　역 가 이 불 반 의 부

잘못이 있다면 하늘이 나를 버릴 것이다

공자께서 남자를 만나시자 자로가 좋아하지 않았다.
이에 공자께서 맹세하여 말씀하셨다.
"나에게 허물이 있다면
하늘이 나를 버리실 것이다! 하늘이 나를 버리실 것이다!"

子見南子, 子路不說. 夫子矢之曰: "予所否者, 天厭之! 天厭之!"
자 견 남 자　자 로 불 열　부 자 시 지 왈　여 소 부 자　천 염 지　천 염 지

해설

　남자南子는 위나라 영공의 부인으로, 당시 위나라 정권을 실질적으로
장악하고 있었으나 정당치 못한 행동을 종종 하여 평판이 좋지 않았습니
다. 그런 남자가 집요하게 공자에게 회견을 요청하니 공자는 할 수 없이
만났다고 전해집니다.

중용의 덕됨이 지극하니

공자께서 말씀하셨다.
"중용의 덕됨이 지극하구나!
중용을 실천하는 사람들이 드문 지 오래되었다."

子曰: "中庸之爲德也, 其至矣乎! 民鮮久矣."
자 왈   중 용 지 위 덕 야 기 지 의 호   민 선 구 의

돋보이고자 하면 남을 높이고 이루고자 하면 남의 뜻을 이루어 주라

자공이 말하였다.

"만약 백성들에게 은혜를 베풀고 많은 사람을 어려움으로부터 구제할 수 있다면 어떻겠습니까? 어진 사람이라 할 수 있겠습니까?"

공자께서 말씀하셨다.

"어질 뿐이겠느냐? 반드시 성인의 경지라고 말하겠다. 요임금과 순임금조차도 그렇게 하지 못함을 걱정했다. 본래 인이란 자신이 나서고 싶은 자리에 다른 사람부터 나서게 하고, 자신의 뜻을 이루고 싶을 때는 다른 사람의 뜻부터 이루게 해준다. 자신이 원하는 것을 미루어 남이 원하는 것을 이해하는 것이 바로 인의 경지에 이르는 방법이라고 할 수 있다."

子貢曰: "如有博施於民而能濟衆, 何如? 可謂仁乎?" 子曰:
자 공 왈   여 유 박 시 어 민 이 능 제 중   하 여   가 위 인 호   자 왈

"何事於仁, 必也聖乎! 堯舜其猶病諸! 夫仁者, 己欲立而立人,
 하 사 어 인   필 야 성 호   요 순 기 유 병 저   부 인 자   기 욕 립 이 립 인

己欲達而達人. 能近取譬, 可謂仁之方也已."
기 욕 달 이 달 인   능 근 취 비   가 위 인 지 방 야 이

제 편

술이 述而

옛것을 좋아하여
부지런히 배운 사람

이 편에는 공자의 생각과 말과 행동을 기록한 글이 많으며,
현인賢人, 군자君子, 인자仁者의 덕행에 대해 논하고 있습니다.
성인들의 겸손한 태도, 올바른 몸가짐과 행적을 담은 내용이 많습니다.

빅데이터 시대에 10대가 꼭 알아야 할
논어

이어받되 새로 짓지 않는다

공자께서 말씀하셨다.
"나는 옛 성현의 가르침을 이어받되,
나 자신의 새로운 생각이나 창작을 하지 않으며,
옛것을 믿으며 좋아하고 있다.
그런 점에서 나는 자신을 은근히 노팽에게 비교해 본다."

子曰: "述而不作, 信而好古, 竊比於我老彭."
자 왈   술 이 부 작   신 이 호 고   절 비 어 아 로 팽

해설

　전통을 중시하는 공자의 정신을 보여 줍니다. 전통은 고전을 통해서 이어지므로 공자는 고전을 중히 여겼습니다. 공자는 전하되 창작하지 않았고, 고전의 올바른 이해와 응용을 위해 온 힘을 기울였습니다. 노팽은 상나라의 현명한 대부라고 하는데, 아마도 옛것을 믿고 전한 사람인 듯합니다.

묵묵히 배우고 싫증 내지 않는다 🐼🐼

공자께서 말씀하셨다.

"묵묵히 마음속으로 깊이 깨닫고,

배움에 싫증을 내지 않으며,

남을 가르치는 데 게을리하지 않는 것.

나에게는 무엇이 갖추어져 있는가?"

子曰: "默而識之, 學而不厭, 誨人不倦, 何有於我哉?"
자 왈   묵 이 지 지   학 이 불 염   회 인 불 권   하 유 어 아 재

이것이 나의 근심이다 🐼🐼

공자께서 말씀하셨다.

"덕을 닦지 못하는 것, 학문을 익히지 못하는 것,

옳은 일을 듣고도 실천에 옮기지 못하는 것,

잘못이 있어도 고치지 못하는 것,

이것이 곧 나의 걱정거리다."

子曰: "德之不修, 學之不講, 聞義不能徙, 不善不能改,
자 왈   덕 지 불 수   학 지 불 강   문 의 불 능 사   불 선 불 능 개

是吾憂也."
시 오 우 야

도에 뜻을 두고 덕을 지키며
인에 의지하고 예에서 노닌다 🐼🐼

공자께서 말씀하셨다.
"도에 뜻을 두고, 덕을 굳게 지키며,
인에 의지하고, 예에서 노닌다."

子曰: "志於道, 據於德, 依於仁, 游於藝."
자 왈　　지 어 도　거 어 덕　의 어 인　유 어 예

표현하려 애쓰지 않으면 일깨워 줄 수 없다 🐼🐼

공자께서 말씀하셨다.
"배우려는 열의가 없으면 이끌어 주지 않고,
표현하려고 애쓰지 않으면 일깨워 주지 않으며,
한 방면을 가르쳤을 때 나머지 세 방면을 미루어 알지 못하면
반복해서 가르쳐 주지 않는다."

子曰: "不憤不啓, 不悱不發, 擧一隅不以三隅反, 則不復也."
자 왈　　불 분 불 계　불 비 불 발　거 일 우 불 이 삼 우 반　즉 불 부 야

타인의 슬픔에 공감하는 법

공자께서는 상을 당한 사람 곁에서 식사를 하실 때,
배부르게 드신 적이 없으셨고
곡을 하신 날에는 노래를 부르지 않으셨다.

子食於有喪者之側, 未嘗飽也. 子於是日哭, 則不歌.
자 식 어 유 상 자 지 측   미 상 포 야   자 어 시 일 곡   즉 불 가

두려운 듯 신중한 것이 진짜 용기 🐼🐼

공자께서 안연에게 말씀하셨다.

"관직에 등용되면 도를 행하고, 버림받으면 도를 간직한 채 은둔하는 태도는 오직 나와 너만이 갖고 있을 것이다!"

자로가 말하였다.

"선생님께서 삼군을 통솔하신다면 누구와 함께하시겠습니까?"

공자께서 말씀하셨다.

"맨손으로 호랑이를 잡고 맨몸으로 황하를 건너가다가 죽는 일이 있어도 후회하지 않는 그런 사람과는 함께하지 않을 것이다. 반드시 일을 하는 데 있어서 두려운 생각을 갖고, 신중하고 차분하게 잘 계획하여 일을 성취하려는 사려 깊은 사람과 함께할 것이다."

子謂顔淵曰: "用之則行, 舍之則藏, 惟我與爾有是夫!" 子路曰:
자 위 안 연 왈   용 지 즉 행   사 지 즉 장   유 아 여 이 유 시 부   자 로 왈

"子行三軍, 則誰與?" 子曰: "暴虎馮河, 死而無悔者, 吾不與也.
자 행 삼 군   즉 수 여   자 왈   포 호 빙 하   사 이 무 회 자   오 불 여 야

必也臨事而懼, 好謀而成者也."
필 야 림 사 이 구   호 모 이 성 자 야

부를 추구할 수 없다면
내가 좋아하는 바를 따르리 🐼🐼

공자께서 말씀하셨다.
"만약 부를 추구할 만한 좋은 세상이라면
채찍을 드는 천한 일이라도 나는 하겠다.
그러나 부를 추구해서 안 되는 세상이라면
나는 내가 좋아하는 바 도를 따르겠다."

子曰: "富而可求也, 雖執鞭之士, 吾亦爲之. 如不可求,
자 왈   부 이 가 구 야   수 집 편 지 사   오 역 위 지   여 불 가 구
從吾所好."
종 오 소 호

음악의 아름다움 🐼

　공자께서 제나라에 계실 때 소韶라는 음악을 들으신 후, 석 달 동안 고기 맛을 잊으시고는 이렇게 말씀하셨다.

　"음악이 이런 경지에 이를 수 있으리라고는 미처 생각지 못했구나!"

　子在齊聞韶, 三月不知肉味, 曰: "不圖爲樂之至於斯也."
　자 재 제 문 소 　삼 월 부 지 육 미 　왈 　 부 도 위 악 지 지 어 사 야

해설

　여러 방면에 폭넓은 관심을 지닌 공자는 음악에도 일가견이 있었습니다. 제나라에서 순 임금의 소악을 접하게 되었을 때 석 달간 음식 맛을 잊을 정도로 도취되었습니다. 공자는 이 음악을 진선진미盡善盡美한 것으로 격찬했습니다.

인을 추구하여 인을 얻다 🐼

염유가 자공에게 물었다.
"선생님께서 위나라 임금을 위해 일하실까?"
자공이 말했다.
"내가 여쭈어 보지."
자공이 안에 들어가 공자께 물었다.
"백이와 숙제는 어떤 사람입니까?"
"옛날의 현인이었다."
"그들은 원망을 했습니까?"
"인을 추구하여 인을 얻었으니, 또 무엇을 원망했겠느냐?"
자공이 나와서 말하였다.
"선생님께서는 위나라 임금을 위해 일할 생각이 없으시다."

冉有曰: "夫子爲衛君乎?" 子貢曰: "諾, 吾將問之." 入,
염유 왈　부자위위군호　　　자공왈　　낙 오장문지　　입

曰: "伯夷叔齊何人也?" 曰: "古之賢人也." 曰: "怨乎?"
왈　백이숙제하인야　　　왈　고지현인야　　　왈　원호

曰: "求仁而得仁, 又何怨?" 出, 曰: "夫子不爲也."
왈　구인이득인 우하원　　출 왈　부자불위야

해설

　당시 위나라의 정세는 무능한 영공과 품행이 좋지 못한 부인, 남자로 인해 혼란 상태에 빠져 있었습니다. 영공의 태자 괴외蒯聵는 생모인 남자를 살해하려다 뜻을 이루지 못하고 송나라로 망명했습니다. 몇 년 후 영공이 세상을 떠나자 괴외의 아들 첩輒이 보위에 올랐습니다. 이 사람이 위나라의 출공出公입니다. 그러자 출공의 아버지인 괴외가 진나라의 도움을 얻어 위나라로 쳐들어갑니다. 그리하여 괴외와 출공 부자의 내란이 16년간 벌어지게 됩니다.

염유와 자공은 이런 와중에 스승 공자의 거취가 궁금했습니다. 백이와 숙제에 대한 공자의 대답을 들은 자공은 인간성을 저버린 자들에게 스승이 협력하지 않을 것을 알게 되었습니다.

진정한 즐거움이 있는 곳 🐼

공자께서 말씀하셨다.
"거친 밥을 먹고 물을 마신 뒤에 팔을 베개 삼아 잠을 자도
즐거움이 그 안에 있다.
도리에 어긋나는 짓으로 부귀를 누리는 것은
나에게는 뜬구름과 같은 일이다."

子曰: "飯疏食飲水, 曲肱而枕之, 樂亦在其中矣. 不義而富且貴,
자 왈　반 소 사 음 수　곡 굉 이 침 지　낙 역 재 기 중 의　불 의 이 부 차 귀
於我如浮雲."
어 아 여 부 운

배움에는 나이가 없으니 🐼

공자께서 말씀하셨다.
"앞으로 나에게 몇 년의 시간이 더 주어져
쉰 살에 《역경》을 배운다면
큰 허물 없이 생을 마치게 될 것이다."

子曰: "加我數年, 五十以學易, 可以無大過矣."
자 왈　가 아 수 년 오 십 이 학 역　가 이 무 대 과 의

한번 몰입하면 근심조차 잊는다 🐼

섭공이 자로에게 공자에 대해 물었는데, 자로가 대답하지 않았다.
이 말을 듣고 공자께서 말씀하셨다.

"너는 왜 '그분은 뭔가 의욕적인 일이 생기면 먹는 것도 잊고, 도를 즐기느라 근심을 잊어 늙는 것조차 알지 못한다'라고 말하지 않았느냐?"

葉公問孔子於子路, 子路不對. 子曰: "女奚不曰: '其爲人也,
섭 공 문 공 자 어 자 로   자 로 부 대   자 왈   여 해 불 왈   기 위 인 야

發憤忘食, 樂以忘憂, 不知老之將至云爾'?"
발 분 망 식   낙 이 망 우   부 지 로 지 장 지 운 이

🔖**해설**

공자는 자로가 섭공의 질문에 대답하지 못했다고 하자, 평소 자신의 모습을 들려줌으로써 제자들도 자신처럼 살아가도록 권장했습니다. 공자는 자신을 항상 도를 추구하여 공부에 전념하면 먹는 것도 잊었고, 모든 걱정거리를 잊고, 세월을 잊었으며 끊임없이 노력하는 사람이라고 소개했습니다.

옛것을 좋아하여 부지런히 배운 사람 🐼🐼

공자께서 말씀하셨다.
"나는 태어나면서부터 세상의 도리를 알았던 것이 아니라,
옛것을 좋아하여 부지런히 그것을 추구한 사람이다."

子曰: "我非生而知之者, 好古, 敏以求之者也."
자 왈   아 비 생 이 지 지 자   호 고   민 이 구 지 자 야

세 사람이 가면
그 가운데 나의 스승이 있다 🐼🐼

공자께서 말씀하셨다.
"세 사람이 함께 길을 가면 그중에 반드시 나의 스승이 있다.
그 가운데 나보다 나은 사람의 좋은 점을 따르고,
나보다 못한 사람의 좋지 않은 점을 보고 고치도록 한다."

子曰: "三人行, 必有我師焉. 擇其善者而從之, 其不善者而改之."
자 왈   삼 인 행   필 유 아 사 언   택 기 선 자 이 종 지   기 불 선 자 이 개 지

천명이 나에게 있는데 무엇이 두려우랴 🐼

공자께서 말씀하셨다.
"하늘이 나에게 덕을 주셨는데
감히 환퇴가 나를 해칠 수 있겠는가?"

子曰: "天生德於予, 桓魋其如予何?"
자 왈　　천 생 덕 어 여　환 퇴 기 여 여 하

🔖 **해설**

　환퇴는 송나라의 군정을 맡은 사마司馬라는 관직에 있던 상퇴向魋를 가리킵니다. 송나라 환공의 후예였기 때문에 환퇴라고 불렀습니다. 공자가 제자들과 함께 송나라의 큰 나무 아래에서 예를 강론하고 있을 때, 상퇴는 나무를 쓰러뜨려 공자를 죽이려고 했습니다. 빨리 피하기를 권하는 제자들에게 공자가 이렇게 답한 것입니다. 공자는 송나라에 있을 때 환퇴가 석곽을 만드는데 3년이 지나도록 완성되지 않는 것을 보고 낭비가 심하다고 비판한 적이 있습니다.

행함으로써 보여 주는 가르침 🐼

공자께서 말씀하셨다.
"너희들은 내가 숨기는 게 있다고 생각하느냐?
나는 아무것도 숨기는 게 없다.
내가 행하는 일치고 너희들에게 보여 주지 않은 것이 없으니,
이것이 곧 나인 것이다."

子曰: "二三子以我爲隱乎? 吾無隱乎爾! 吾無行而不與二三子者,
자 왈   이 삼 자 이 아 위 은 호   오 무 은 호 이   오 무 행 이 불 여 이 삼 자 자
是丘也."
시 구 야

해설

공자의 경지가 너무 높아서 무언가 자신들에게 말해 주지 않은 이치가
있다고 제자들이 생각했을 때, 공자가 위와 같이 말한 것입니다. 공자는
아는 것은 솔직하게 말하고 모르는 것은 함께 토론하여 알게 하며 어느
것도 숨김이 없었습니다.

성인이 아니면 군자라도 보고 싶다 🐼

공자께서 말씀하셨다.

"성인을 만나 볼 수 없다면 군자라도 만나 볼 수 있으면 좋겠구나."

공자께서 말씀하셨다.

"선한 사람을 만나 볼 수 없다면 한결같은 사람이라도 만나 볼 수 있으면 좋겠구나. 없으면서도 있는 체하고 텅 비었으면서도 가득 찬 체하며, 곤궁하면서도 풍족한 체하니 한결같은 마음을 지니기란 어려운 것이다."

子曰: "聖人, 吾不得而見之矣, 得見君子者, 斯可矣."
자왈   성인 오부득이견지의 득견군자자 사가의

子曰: "善人, 吾不得而見之矣, 得見有恒者, 斯可矣. 亡而爲有,
자왈   선인 오부득이견지의 득견유항자 사가의   무이위유

虛而爲盈, 約而爲泰, 難乎有恒矣."
허이위영   약이위태   난호유항의

둥지에 있는 새는 쏘지 않는다

공자께서는 낚시질은 하였으나
그물을 쓰지는 않으셨고,
활을 쏘아 새는 잡되
둥지에 앉은 새는 쏘지 않으셨다.

子釣而不綱, 弋不射宿.
자 조 이 불 강   익 불 사 숙

 해설

공자는 젊고 빈천했던 시절, 제사와 손님 접대를 위해 물고기를 잡고
새 사냥을 한 적이 있습니다. 그러나 한꺼번에 많은 양을 잡지는 않았습
니다. 물고기는 낚시로 조금 잡고, 새를 잡는 경우에도 잠자는 새는 쏘지
않았습니다. 군자는 부득이 사냥을 하더라도 최소한의 살생으로 그쳐야
합니다.

많이 듣고 보고 택하여 새겨라 🐼

공자께서 말씀하셨다.

"잘 알지도 못하면서

새로운 이론을 지어내는 사람이 있는 모양인데

나는 그렇게 하지 않는다.

많이 듣고 그 가운데 좋은 것을 택하여 따르며,

많이 보고 그 가운데 옳은 것을 마음에 새겨 둔다.

이것은 아는 것에 버금가는 일이다."

子曰: "蓋有不知而作之者, 我無是也. 多聞, 擇其善者而從之,
자왈   개유부지이작지자 아무시야 다문 택기선자이종지

多見而識之, 知之次也."
다견이지지 지지차야

🖊**해설**

   멋대로 창작하지 않는다는 공자의 신조입니다. 다시 말해 지식에 기초하지 않은 독창적인 견해는 자신의 방법과는 다르다는 것을 강조하고 있습니다. 즉 자신은 다양한 의견을 경청한 다음에 이해가 되는 부분을 채택하고 견문을 넓히면서 지식 축적에 노력한다는 것입니다. 이는 공자가 실증주의적인 인물이라는 것을 증명하고 있습니다.

바른 길로 나가는 자는 받아들여라

　　호향 사람은 더불어 이야기하기 어려운 사람들이었는데 그곳의 아이가 공자를 찾아뵙자, 제자들이 의아하게 생각하였다. 이에 공자께서 말씀하셨다.

　　"바른 길로 나아가는 자는 받아들이고
　　바른 길에서 물러나는 자는 받아들이지 않는 법인데,
　　배우겠다고 찾아온 사람을 어찌 모질게 대하겠느냐?
　　사람이 자신의 몸과 마음을 깨끗이 하고 바른 길로 나아가려 하면
　　그 깨끗함을 받아들이고 지난 일에는 연연하지 않아야 한다."

互鄉難與言, 童子見, 門人惑, 子曰: "與其進也, 不與其退也,
호 향 난 여 언　동 자 현　문 인 혹　자 왈　　여 기 진 야　불 여 기 퇴 야

唯何甚? 人潔己以進, 與其潔也, 不保其往也."
유 하 심　　인 결 기 이 진　여 기 결 야　불 보 기 왕 야

172　·

어질고자 하면 인이 따른다

공자께서 말씀하셨다.
"인이 멀리 있겠는가?
내가 인을 실천하고자 하면 인은 나를 따르는 것이다."

子曰: "仁遠乎哉? 我欲仁, 斯仁至矣."
자 왈   인 원 호 재   아 욕 인 사 인 지 의

해설

인이란 곧 인간애를 뜻합니다. 인은 성인聖人이나 군자들만 갖춘 것이 아니라, 보통 사람들의 마음속에도 깃들어 있습니다. 누구나 인을 실천하길 원한다면 곧 인자仁者가 될 수 있습니다. 이렇듯 공자는 인간의 도덕적 능력을 믿었습니다.

공자가 행복한 이유 🐼

진나라 사패(법을 관장하는 벼슬)가 물었다.

"소공(노나라 임금)은 예를 알았습니까?"

공자께서 말씀하셨다.

"예, 아셨습니다."

공자께서 물러나시자 사패가 제자 무마기에게 예를 표하고 다가서서 말했다.

"나는 군자는 편을 가르지 않는다고 들었는데, 군자도 편을 듭니까? 소공께서는 오씨를 아내로 맞이했는데 성이 같기 때문에 그녀를 오맹자라고 불렀습니다. 이런 임금이 예를 안다고 하면 누가 예를 알지 못한다 하겠소?"

무마기가 그 말을 알려 주자 공자께서 말씀하셨다.

"나는 행복한 사람이구나. 내가 조금이라도 잘못을 저지르면 남이 그런 점을 반드시 알려 주니."

陳司敗問:"昭公知禮乎?"孔子曰:"知禮."孔子退,
진 사 패 문　　소 공 지 례 호　　공 자 왈　　지 례　　공 자 퇴

揖巫馬期而進之, 曰:"吾聞君子不黨, 君子亦黨乎? 君取於吳,
읍 무 마 기 이 진 지　왈　　오 문 군 자 부 당　군 자 역 당 호　　군 취 어 오

爲同姓, 謂之吳孟子. 君而知禮, 孰不知禮?"巫馬期以告, 子曰:
위 동 성　위 지 오 맹 자　군 이 지 례　숙 부 지 례　　무 마 기 이 고　자 왈

"丘也幸, 苟有過, 人必知之."
구 야 행　구 유 과　인 필 지 지

노래를 잘 부르면
다시 부르게 하고 화답하다

공자는 사람들과 같이 노래를 부를 때,
누군가 잘 부르면 반드시 다시 부르게 하고,
그다음에 함께 맞추어 노래를 불렀다.

子與人歌而善, 必使反之, 而後和之.
자 여 인 가 이 선   필 사 반 지   이 후 화 지

해설

　음악을 좋아했던 공자는 자신보다 잘하는 사람이 있을 경우에는 몇 번
반복해서라도 배우려고 노력했습니다.

도를 실천함에는 끝이 없다 🐼

공자께서 말씀하셨다.

"학문에 대해서라면 내가 남에게 뒤지겠는가?

그러나 군자의 도를 실천하는 것은

아직 그런 경지에 이르지 못하고 있다."

子曰: "文, 莫吾猶人也. 躬行君子, 則吾未之有得."
자왈   문 막오유인야 궁행군자 즉오미지유득

제자들이 능히 배우지 못하는 것 🐼

공자께서 말씀하셨다.

"성인聖人과 인인仁人이야 내 어찌 될 수 있겠느냐?

다만 성인과 인인의 도리를 배우고 본받는 데 싫증내지 않고,

이를 다른 사람에게 가르치는 데 게을리하지 않는다고는 말할 수

있다."

공서화가 말하였다.

"바로 그 점을 저희 제자들이 따르지 못하고 있습니다."

子曰: "若聖與仁, 則吾豈敢? 抑爲之不厭, 誨人不倦,
자왈   약성여인 즉오기감 억위지불염 회인불권

則可謂云爾已矣." 公西華曰: "正唯弟子不能學也."
즉 가위운이이의   공서화왈   정유제자불능학야

불손하기보다 고루한 것이 낫다 🐼🐼

공자께서 말씀하셨다.
"사치스러우면 공손함을 잃게 되고 검소하면 고루하게 되지만,
공손함을 잃기보다는 차라리 고루한 편이 더 낫다."

子曰: "奢則不孫, 儉則固, 與其不孫也, 寧固."
자 왈   사 즉 불 손   검 즉 고   여 기 불 손 야   영 고

군자와 소인의 차이 3 🐼🐼

공자께서 말씀하셨다.
"군자는 마음이 평온하고 너그럽지만,
소인은 항상 겁내고 두려워한다."

子曰: "君子坦蕩蕩, 小人長戚戚."
자 왈   군 자 탄 탕 탕 소 인 장 척 척

해설

  군자는 진리를 탐구하고 인애의 정신을 펼치고자 하는 사람입니다. 정신적으로 수양이 되어 있고 부귀영화에 연연하지 않는 군자는 마음이 늘 편안하고 너그럽습니다. 이에 반해 소인은 부조리한 방법으로 재물과 이권을 차지하는 데 급급하며, 정신적으로 수양이 안 되어 있어 근심과 두려움에 싸여 있습니다. 이렇게 수양 여부에 따라 사람의 마음은 크게 달라지는 것입니다.

온화하면서 엄하게,
공손하면서도 자연스럽게

공자께서는 온화하시면서 엄격하셨고,
위엄이 있으면서도 사납지 않으셨으며,
공손하면서도 편안하셨다.

子溫而厲, 威而不猛, 恭而安.
자 온 이 려 위 이 불 맹 공 이 안

제8편

태백 泰伯
군자다운 사람이란

공자의 제자 중 한 사람인
증자에 대한 이야기가 많이 나오는 것으로 보아
제자들 가운데 증자의 지위가 가장 높았고,
증자 계열의 후대 제자들이
직계 스승 증자의 언행을 담아 발췌한 것으로 짐작됩니다.

**빅데이터 시대에 10대가 꼭 알아야 할
논어**

태백의 높은 덕

공자께서 말씀하셨다.
"태백은 지극히 덕이 높은 분이라 하겠다.
세 차례나 천하의 임금 자리를 양보했으면서도
은밀히 했으므로 백성들이 그의 미덕을 칭송조차 하지 못했다."

子曰: "泰伯, 其可謂至德也已矣! 三以天下讓, 民無得而稱焉."
자 왈   태 백 기 가 위 지 덕 야 이 의   삼 이 천 하 양 민 무 득 이 칭 언

해설

주나라 태왕에게는 세 아들이 있었는데, 첫째 아들이 태백泰伯, 둘째 아들이 중옹仲雍, 셋째 아들이 계력季歷이었습니다. 그리고 계력의 아들이 창昌으로, 그가 곧 문왕文王입니다. 그리고 문왕의 아들 무왕 대에 주나라는 천하를 평정하여 다스리게 되었습니다.

태왕은 계력의 아들인 창이 뛰어난 인물임을 알고, 계력에게 왕위를 물려주어 훗날 손자가 왕이 되기를 바랐습니다. 부왕의 뜻을 알게 된 태백은 동생 중옹을 설득했고, 함께 주나라를 떠나 변방에 은둔했습니다.

태백이 세 번 왕위를 양보했다는 것은, 태왕이 죽었을 때 자신이 큰아들임에도 계력이 상주가 되게 하였고, 그 후 계력이 형인 자신을 불렀으나 가지 않았으며, 상이 끝난 이후 야인으로 돌아간 것을 말합니다. 백성들이 그의 덕을 칭송하지 못했다는 구절은 태백이 이 모든 행동을 은밀하게 실천했기 때문에 백성들이 그 사실을 몰랐다는 뜻입니다.

공자는 나라의 평화를 위해 제왕의 자리를 동생에게 양보했고, 모든 선행을 백성들 모르게 실천했다는 점에서 태백을 높이 칭찬했습니다.

예가 없으면 🐼

공자께서 말씀하셨다.

"공손함도 예가 없으면 수고로움이 되고,

신중함도 예가 없으면 두려워하는 것이 되며,

용맹함도 예가 없으면 난폭한 것이 되고,

정직함도 예가 없으면 박절한 것이 된다.

군자가 친척들에게 후하게 대하면

백성들이 인애의 기풍을 일으키게 되고,

옛 친구를 저버리지 않으면

백성들의 마음도 각박해지지 않는다."

子曰: "恭而無禮則勞, 愼而無禮則葸, 勇而無禮則亂,
자왈 공이무례즉로 신이무례즉사 용이무례즉란

直而無禮則絞. 君子篤於親, 則民興於仁; 故舊不遺, 則民不偸."
직이무례즉교 군자독어친 즉민흥어인 고구불유 즉민불투

죽음에 이르러서야 벗어나게 된 걱정

증자가 병을 얻어 문하의 제자들을 불러 말했다.

"열어 나의 발을 보아라, 나의 손을 보아라.

《시경》에 이런 노래가 있다.

'두려워하고 삼가기를 깊은 연못가에 있는 것처럼,

살얼음 위를 걷는 것처럼 하라'고 했는데,

나는 비로소 근심에서 벗어나게 되었다. 제자들아."

曾子有疾, 召門弟子曰: "啓予足! 啓予手! 詩云: '戰戰兢兢,
증 자 유 질 　소 문 제 자 왈 　계 여 족 　계 여 수 　시 운 　전 전 긍 긍

如臨深淵, 如履薄氷.' 而今而後, 吾知免夫! 小子!"
여 림 심 연 　여 리 박 빙 　이 금 이 후 　오 지 면 부 　소 자

해설

　증자가 병이 들어 임종을 앞두고 제자들을 불러 손발을 보여 주며 효에 대해 강의하는 내용입니다. 증자는 《효경》을 쓴 사람입니다. 《효경》의 첫 구절이 그 유명한 '신체발부수지부모身體髮膚受之父母, 불감훼상不敢毁傷, 효지시야孝之始也'입니다. '몸과 피부, 머리카락은 부모에게 받은 것이니 감히 상처 내거나 훼손하지 않는 것이 효의 시작이다'라는 뜻입니다.

　증자는 《시경》의 〈소민〉 편을 인용하고 있는데, 이는 우리가 흔히 쓰는 '전전긍긍戰戰兢兢'의 어원입니다. 현재 이 표현은 '두려워 벌벌 떨며 조심한다'는 뜻으로 쓰이지만, 옛날에는 긍정적인 의미로 사용되었습니다. 여기서 증자가 제자들에게 한 말은 부모님께 받은 신체를 자신이 죽을 때까지 잘 보존해서 효를 마쳤다는 뜻입니다.

꽉 차도 빈 듯이

증자가 말하였다.

"유능하면서도 능력이 없는 사람에게 묻고,

학식이 많으면서도 학식이 적은 사람에게 물으며,

있으면서도 없는 듯하고,

꽉 차 있으면서도 텅 빈 듯하며,

남에게 욕을 보아도 잘잘못을 따지지 않으며 다투지 않는다.

옛날에 나의 친구가 이를 실천하며 살았다."

曾子曰: "以能問於不能, 以多問於寡, 有若無, 實若虛, 犯而不校,
증 자 왈   이 능 문 어 불 능 이 다 문 어 과 유 약 무 실 약 허 범 이 불 교
昔者吾友嘗從事於斯矣."
석 자 오 우 상 종 사 어 사 의

해설

증자가 안회를 두고 한 말입니다. 안회는 공자의 사랑을 가장 많이 받았던 제자로 학식과 덕망이 뛰어났으나 일찍 세상을 떠났습니다. 안회는 능력과 지식을 지녔다고 해서 자만하지 않고, 자기보다 능력과 지식이 모자란 사람에게도 배우고자 했으며, 여유롭다 하여 결코 자만하지 않고, 남이 잘못을 범해도 앙갚음하려 하지 않았다는 내용입니다.

군자다운 사람

증자가 말하였다.
"어린 임금의 보필을 부탁할 수 있고,
백 리 되는 나라의 사직을 맡길 수 있으며,
존망이 달린 위급한 때에도 절개를 굽히지 않는다면
군자다운 사람일까?
아무렴, 군자다운 사람이다."

曾子曰: "可以託六尺之孤, 可以寄百里之命, 臨大節而不可奪也,
증 자 왈   가 이 탁 륙 척 지 고   가 이 기 백 리 지 명   임 대 절 이 불 가 탈 야
君子人與? 君子人也."
군 자 인 여   군 자 인 야

해설

어린 임금은 학문과 덕행이 미숙하고 사리판단을 제대로 하지 못하기 때문에 반드시 누군가의 도움이 필요합니다. 역사상 어린 임금을 보필하는 자에 따라 나라의 흥망성쇠가 바뀐 일이 많았습니다. 어린 왕을 옆에 끼고 자신의 사리사욕을 채우는 정치를 일삼은 자가 많았기 때문입니다. 그래서 증자는 어린 임금을 보필해 나라를 잘 이끌 정도의 사람이라면 군자라고 말하고 있습니다.

도량이 넓고 굳세어야 한다 🐼

증자가 말하였다.

"선비는 반드시 도량이 넓고 굳세어야 하니

임무는 막중하고 갈 길이 멀기 때문이다.

인의 실현을 자신의 임무로 삼으니

또한 책임이 무겁지 않겠는가?

죽은 뒤에야 끝나는 것이니 그 길이 역시 멀지 않겠는가?"

曾子曰: "士不可以不弘毅, 任重而道遠. 仁以爲己任, 不亦重乎?
증 자 왈   사 불 가 이 불 홍 의   임 중 이 도 원   인 이 위 기 임   불 역 중 호

死而後已, 不亦遠乎?"
사 이 후 이   불 역 원 호

시와 예, 음악으로 완성되는 인격 🐼

공자께서 말씀하셨다.
"시로써 감흥을 불러일으키고,
예로써 행동거지를 바르게 세우고,
음악으로써 인격을 완성시킨다."

子曰: "興於詩, 立於禮, 成於樂."
자 왈   흥 어 시   입 어 례   성 어 악

해설

　공자는 시를 읽으면 감성에 눈을 뜨게 되고, 예를 몸에 지니고 행해야 사람답게 서고, 다른 사람과의 관계도 바로 할 수 있으며, 아름다운 소리를 제대로 들을 줄 알아야 인간으로서 성품이 완성되고 하나의 인격체로 자리잡는다고 믿었습니다. 그래서 사람이 되려면 반드시 시를 알고 예의를 알며 음악을 들을 줄 알아야 한다고 강조한 것입니다.

따르게 할 순 있어도 다 이해시킬 수는 없다

공자께서 말씀하셨다.
"백성들이란 도리를 따르게 할 수는 있지만,
그 깊은 이치를 다 알게 할 수는 없다."

子曰: "民可使由之, 不可使知之."
자 왈   민 가 사 유 지 불 가 사 지 지

 해설

　당시 일반 백성들은 무지몽매했습니다. 그래서 학문과 예법, 정책의 원리를 알게 하는 것은 불가능했습니다. 그러므로 위정자爲政者가 정당한 방법을 제시하여 백성으로 하여금 이를 따르게 해야 한다는 뜻입니다.

누가 난을 일으키나 🐼🐼

공자께서 말씀하셨다.
"용맹을 좋아하면서 가난을 싫어하면 난동을 일으키게 된다.
사람이 어질지 못한 것을 지나치게 미워해도 난동이 일어나게 된다."

子曰: "好勇疾貧, 亂也; 人而不仁, 疾之已甚, 亂也."
자 왈 호 용 질 빈 난 야 인 이 불 인 질 지 이 심 난 야

해설

  용맹함을 좋아하되 가난함을 싫어하는 것은 자신의 분수를 모르는 것이요, 사람이 어질지 못하다 하여 너무 미워하는 것은 도가 지나친 것입니다. 비록 미덕을 지녔다고 해도 자신의 분수를 모르거나 도가 지나치면 난을 일으킬 수 있습니다.

재능보다 인격 🐼🐼

공자께서 말씀하셨다.
"설사 주공처럼 훌륭한 재능을 지니고 있다 하더라도
교만하거나 인색하다면 그 나머지는 볼 것도 없다."

子曰: "如有周公之才之美, 使驕且吝, 其餘不足觀也己."
자 왈 여 유 주 공 지 재 지 미 사 교 차 린 기 여 부 족 관 야 이

3년을 공부하고도
벼슬에 뜻을 두지 않는 사람 🐼

공자께서 말씀하셨다.
"삼 년을 공부하고도
벼슬에 뜻을 두지 않음은 쉬운 일이 아니다."

子曰: "三年學, 不至於穀, 不易得也."
자 왈   삼 년 학 부 지 어 곡 불 이 득 야

🔖 **해설**

과거에는 학문의 목적을 벼슬에 두는 사람이 많았습니다. 그래서 3년
동안 학문을 하고도 벼슬에 나아가지 않았다면 큰 인물이거나 진정 학문
을 좋아하는 자라는 뜻입니다. 벼슬에 뜻을 두지 않고 오로지 학문을 위
하는 사람이 적음을 안타까워한다는 뜻으로도 풀이할 수 있습니다.

도가 아니면 나가지 말라 🐼

공자께서 말씀하셨다.

"굳게 믿고 배우기를 좋아하며, 죽음으로써 도를 지키고 높여야 한다.

위태로운 나라에는 들어가지 말고, 어지러운 나라에는 살지 마라.

천하에 도가 행해지면 모습을 드러내고

도가 행해지지 않으면 조용히 숨어 살아라.

나라에 도가 있는데 가난하고 천하게 산다면 부끄러운 일이며,

나라에 도가 없는데 부귀를 누린다면 이 또한 부끄러운 일이다."

子曰: "篤信好學, 守死善道. 危邦不入, 亂邦不居. 天下有道則見,
자 왈   독 신 호 학 수 사 선 도 위 방 불 입 난 방 불 거 천 하 유 도 즉 현
無道則隱. 邦有道, 貧且賤焉, 恥也; 邦無道, 富且貴焉, 恥也."
무 도 즉 은 방 유 도 빈 차 천 언 치 야 방 무 도 부 차 귀 언 치 야

직분에 맞게 처신하라 🐼

공자께서 말씀하셨다.

"그 지위에 있지 않으면 그 정사를 논하지 말라."

子曰: "不在其位, 不謀其政."
자 왈   부 재 기 위   불 모 기 정

구제할 수 없는 사람 🐼

공자께서 말씀하셨다.

"뜻은 크면서 마음이 곧지 못하고,

아는 것도 없으면서 착실하지 않으며,

무능하면서도 신의마저 없는 사람을

나로서는 어찌해야 좋을지 모르겠다."

子曰: "狂而不直, 侗而不愿, 悾悾而不信, 吾不知之矣!"
자 왈   광 이 부 직   통 이 불 원   공 공 이 불 신   오 부 지 지 의

미치지 못할 것처럼 배우고
배운 것을 잃어버릴까 두려워하라 🐼

공자께서 말씀하셨다.
"학문은 따라가지 못할 듯이 서둘러 배우고,
배운 것을 잃어버릴까 두려워해야 한다."

子曰: "學如不及, 猶恐失之."
자 왈   학 여 불 급   유 공 실 지

천하를 가지고도 연연하지 않으니 🐼

공자께서 말씀하셨다. "참으로 높고 위대하도다!
순임금과 우임금께서는 천하를 지니고 다스리면서도
그것에 연연하지 않았다."

子曰: "巍巍乎! 舜禹之有天下也而不與焉."
자 왈   외 외 호   순 우 지 유 천 하 야 이 불 여 언

해설

순임금과 우임금은 훌륭한 정치를 행하여 후세에 모범을 보인 성군들입니다. 천하를 소유하고 다스렸으나 권력을 누리거나 쾌락에 빠지지 않았고 훌륭한 신하를 등용하여 오직 백성들을 위한 정치를 베풀었기 때문에 공자가 높게 평가했습니다.

우임금의 덕치 🐼

공자께서 말씀하셨다.

"우임금에 대해서는 내가 흠잡을 것이 없다.

자신의 음식은 형편없으면서도 조상에게 제사를 지낼 때는 정성껏 모셨다. 자신의 의복은 검소하게 입으면서도 제사 때의 예복은 정성을 다해 아름답게 꾸몄다. 자기가 사는 궁궐은 허름하게 하면서도 농사에 필요한 물길을 파는 데는 온 힘을 다했다.

우임금에 대해서는 내가 흠잡을 것이 없다."

子曰: "禹, 吾無間然矣. 菲飲食而致孝乎鬼神,
자 왈　우　오 무 간 연 의　비 음 식 이 치 효 호 귀 신

惡衣服而致美乎黻冕, 卑宮室而盡力乎溝洫 禹, 吾無間然矣."
악 의 복 이 치 미 호 불 면　비 궁 실 이 진 력 호 구 혁　우　오 무 간 연 의

🖊️ 해설

우임금은 하나라를 세웠습니다. '요순시대'의 태평성대를 이룬 순임금의 어진 신하 5명(우, 직, 설, 고요, 백익) 중 한 사람으로 덕행이 뛰어나고 황하의 범람을 막는 치수를 잘한 공으로 후계자가 되어 왕위를 물려받아 하나라를 세운 것입니다.

우임금은 잠시 동안 무기 생산을 멈추기도 하고 백성들을 위하여 궁궐 증축을 미루었습니다. 여러 세금을 면제해 주고, 지방에 도시를 만들었으며 번잡한 제도를 폐지해 행정을 간소화했습니다. 검약 정책을 펼쳤고 스스로 솔선수범했습니다.

제 9 편

자한子罕

용기 있는 자는
두려워하지 않는다

주로 공자의 덕행을 기록한 글이 많습니다.
공자는 타락한 세상에서
세속적인 이득을 얻고 부귀영화를 누리는 것을
옳지 않다고 여겼습니다.

빅데이터 시대에 10대가 꼭 알아야 할
논어

세속적 이익을 논하지 않다 🐼

공자께서는 세속적인 이득을
천명이나 인덕과 관련지어 말하지 않으셨다.

子罕言利與命與仁.
자 한 언 리 여 명 여 인

🔖 해설

　도덕적으로 타락한 세상에서 세속적인 이득을 얻고 부귀영화를 누리는
것을 공자는 '하늘이 복을 내렸다' 혹은 '덕이 있어서 그렇다'는 식으로 말
하지 않았다는 뜻입니다. 악덕한 세상에서 잘사는 것은 도에 어긋나기 때
문입니다.

공자가 버린 네 가지 🐼

공자께서는 네 가지를 전혀 취하지 않으셨는데
사사로운 뜻을 갖는 일이 없었고,
반드시 해야 한다는 일이 없었으며,
고집하는 일이 없었고,
자신만을 내세우는 일이 없었다.

子絶四: 毋意, 毋必, 毋固, 毋我.
자 절 사 무 의 무 필 무 고 무 아

관직에 등용되지 않아 익힌 재주 🐼

금뢰가 말했다.
"공자께서 이르시길 '나는 관직에 등용되지 않아 잔재주가 많다'
고 하셨다."

牢曰, "子云: '吾不試, 故藝.'"
뇌 왈   자 운   오 불 시 고 예

최선을 다해 가르칠 뿐

공자께서 말씀하셨다.

"내가 아는 것이 있겠는가? 아는 게 별로 없다. 그러나 비천하고 무지한 사람이 나에게 물어 오면, 나는 내가 아는 것을 모두 알려 주고자 한다."

子曰: "吾有知乎哉? 無知也. 有鄙夫問於我, 空空如也,
자왈   오유지호재   무지야   유비부문어아   공공여야
我叩其兩端而竭焉."
아 고 기 양 단 이 갈 언

상대를 살펴 예를 표하다

공자께서는 상복을 입은 사람이나
예복을 갖춰 입은 사람, 그리고 눈먼 사람을 만나면
그들이 비록 나이가 적을지라도
반드시 일어나 예를 차리고,
또 그 앞을 지나갈 때는 종종걸음으로 빨리 지나가셨다.

子見齊衰者, 冕衣裳者與瞽者, 見之, 雖少必作, 過之必趨.
자 견 자 최 자　면 의 상 자 여 고 자　견 지　수 소 필 작　과 지 필 추

해설

　공자는 상복 입은 사람에게는 진심으로 애도하는 의미에서, 공직에 종사하는 사람에게는 백성을 위해 고생하는 것에 경의를 표하는 의미에서, 맹인에게는 불우한 처지를 몹시 안타까워하는 의미에서 예를 표한 것입니다.

군자가 사는 곳은 누추하지 않다

공자께서 구이九夷의 땅에 가서 살고자 했다.

이에 어떤 사람이 말했다.

"거기는 누추할 텐데 어찌 지내시려 하십니까?"

공자께서 말씀하셨다.

"군자들이 그곳에 살았으니 어찌 누추함이 있었겠는가?"

子欲居九夷. 或曰: "陋, 如之何?" 子曰: "君子居之, 何陋之有?"
자 욕 거 구 이 혹 왈   누 여 지 하   자 왈   군 자 거 지 하 루 지 유

해설

어느 때, 공자는 난세를 비관해 "오랑캐 나라라도 이주해 볼까?"라고
말한 적이 있었습니다. 그러자 어떤 사람이 "오랑캐 땅은 더러워서 살 수
가 없습니다"라고 했습니다. 여기에 대한 공자의 대답입니다. 어떤 땅이
더러운가, 깨끗한가는 거기 사는 사람의 덕에 따라 결정됩니다. 아무리
좋은 땅이라도 사는 사람의 마음이 나쁘면 누추합니다.

늘 힘써야 하는 것들

공자께서 말씀하셨다.
"벼슬을 하면 제후나 대부를 섬기고,
집에 돌아오면 부모형제를 섬긴다.
상을 당했을 때는 정성으로 치러야 하며,
술을 마시되 도를 넘지 아니하는 것이
어찌 나에게 쉬운 일이랴?"

子曰: "出則事公卿, 入則事父兄, 喪事不敢不勉, 不爲酒困,
자 왈   출 즉 사 공 경   입 즉 사 부 형   상 사 불 감 불 면   불 위 주 곤

何有於我哉?"
하 유 어 아 재

해설

공자의 겸손함이 드러난 말입니다. 자신이 중시한 덕목들에 대하여 스스로 미치지 못한다는 자기반성을 담고 있습니다.

시간이 쉼 없이 흐르니 🐼

공자께서 냇가에서 말씀하셨다.
"세월이 흘러가는 것이 이와 같구나.
밤낮으로 쉬지 않고 흐르는구나!"

子在川上, 曰: "逝者如斯夫! 不舍晝夜."
자 재 천 상 왈   서 자 여 사 부   불 사 주 야

아리따운 여인을 좋아하듯 덕을 좋아하라 🐼

공자께서 말씀하셨다.
"나는 아직 덕을 좋아하기를 여자 좋아하듯이 하는 사람을 보지
못했다."

子曰: "吾未見好德如好色者也."
자 왈   오 미 견 호 덕 여 호 색 자 야

학문을 쌓는 일도 흙 한 삼태기부터 🐼

공자께서 말씀하셨다.
"학문을 비유컨대, 산을 쌓아 올림과 같다.
흙 한 삼태기가 모자라는 상황에서 중지했다면
그것은 내가 중지한 것이다.
또 비유컨대 땅을 평탄하게 고르는 데
흙 한 삼태기를 덮어도 일이 진전되거늘
그것도 내가 한 것이다."

子曰: "譬如爲山, 未成一簣, 止, 吾止也; 譬如平地, 雖覆一簣, 進,
자 왈   비여위산 미성일궤 지 오지야 비여평지 수복일궤 진
吾往也."
오 왕 야

🎣 **해설**

　줄기찬 노력으로 끝내 일을 완성하는 사람도 있고, 끈기의 부족으로 일
이 거의 완성되어 갈 무렵에 중도 하차하는 사람도 있습니다. 전진하여
일을 완성하든, 중단하여 실패로 끝나든 그 일에 대한 책임은 본인에게
있다는 것입니다.

꽃은 피었으나
열매 맺지 못하는 것도 있다

공자께서 말씀하셨다.
"싹은 돋았어도 꽃을 피우지 못하는 것도 있고,
꽃은 피었어도 열매를 맺지 못하는 것도 있도다!"

子曰: "苗而不秀者有矣夫! 秀而不實者有矣夫!"
자 왈   묘 이 불 수 자 유 의 부   수 이 불 실 자 유 의 부

해설

　같은 씨앗을 뿌려도 어떤 것은 싹을 틔우지만 그러지 못하는 것도 있습니다. 또 싹이 나와 자란다 하더라도 결실을 맺는 것도 있고, 그렇지 못한 것도 있습니다. 이 문장은 중도에 그만두지 말고 끝까지 노력할 것을 비유적으로 역설한 것입니다.

뒤에 오는 사람을 두려워하라 🐼

공자께서 말씀하셨다.
"후학들이 두려운 것이니
그들이 지금의 우리만 못하리라는 것을 어찌 알겠는가?
사십, 오십이 되어서도 명성이 들리지 않는다면
그 또한 두려워할 것이 못 된다."

子曰: "後生可畏, 焉知來者之不如今也? 四十五十而無聞焉,
자 왈   후 생 가 외   언 지 래 자 지 불 여 금 야   사 십 오 십 이 무 문 언
斯亦不足畏也已."
사 역 부 족 외 야 이

해설

공자는 자기의 학문적 성취에 만족하여 권위의식에 빠져 있는 사람은
아니었습니다. 교육자인 그는 젊은이들에게 기대를 걸고 있었습니다. 그
들 중에는 선배를 능가하는 실력자도 나오리라 믿었습니다. 그렇게 되기
위해서는 끊임없는 자기 정진이 있어야만 합니다. 공자는 후학들에게 끊
임없이 노력하라고 가르치고 있습니다.

공자도 어찌할 수 없는 것 🐼

공자께서 말씀하셨다.

"올바른 말로 일러 주는 것을 따르지 않을 수 있겠는가?

그러나 그 말에 따라 잘못을 고침이 더 중요하다.

귀에 달게 칭찬하는 말을 기뻐하지 않을 수 있겠는가?

그러나 그 말의 참뜻을 찾아냄이 더 중요하다.

기뻐하면서도 참뜻을 찾아 행하지 않고

따르면서도 잘못을 고치지 않는다면

그런 사람은 나도 어찌할 도리가 없다."

子曰: "法語之言, 能無從乎? 改之爲貴. 巽與之言, 能無說乎?
자 왈   법 어 지 언 능 무 종 호   개 지 위 귀   손 여 지 언   능 무 열 호

繹之爲貴. 說而不繹, 從而不改, 吾末如之何也已矣."
역 지 위 귀   열 이 불 역   종 이 불 개   오 말 여 지 하 야 이 의

허물을 고치는 데 주저하지 말라 🐼

공자께서 말씀하셨다.
"충성과 신의를 으뜸으로 삼으며,
자기보다 못한 사람을 벗 삼지 말고,
허물이 있으면 고치기를 주저하지 말아야 한다."

子曰: "主忠信, 毋友不如己者, 過則勿憚改."
자왈　주충신　무우불여기자　과즉물탄개

뜻을 얻는 데서 시작하라 🐼

공자께서 말씀하셨다.
"삼군의 대장은 빼앗을 수 있지만,
필부라도 그 뜻을 빼앗을 수는 없다."

子曰: "三軍可奪帥也, 匹夫不可奪志也."
자왈　삼군가탈수야　필부불가탈지야

해설

인간의 의지가 얼마나 고귀한지에 대해 논하고 있습니다. 신분이 비천하거나 천한 직업을 가진 사람이라도 나름의 신념이 있습니다. 이 문장은 전장에서 삼군을 호령하는 사령관은 붙잡을 수 있지만, 보잘것없는 필부의 마음은 마음대로 빼앗을 수 없다는 말입니다.

추워지고 나서야
소나무가 늦게 시드는 것을 안다

공자께서 말씀하셨다.

"날씨가 추워진 뒤에야

소나무와 잣나무가 다른 나무보다

늦게 시드는 것을 알 수 있다."

子曰: "歲寒, 然後知松栢之後彫也."
자 왈   세 한   연 후 지 송 백 지 후 조 야

해설

　나라가 어지러울 때 충신이 나타나고, 집안이 어려움에 처해 있을 때 효자가 나옵니다. 평상시에는 누구나 착실한 척을 할 수 있습니다. 그러나 막상 어렵고 힘든 시기에 지조를 지키면서 헌신할 수 있는 사람은 매우 드뭅니다. 고난과 시련이 닥쳐야 사람의 진가가 드러난다는 것을 말합니다.

지자는 흔들리지 않고 인자는 근심하지 않으며 용기 있는 자는 두려워하지 않는다

공자께서 말씀하셨다.
"지혜로운 사람은 미혹되는 일이 없고,
어진 사람은 근심하지 않고,
용기 있는 사람은 두려워하지 않는다."

子曰: "知者不惑, 仁者不憂, 勇者不懼."
자 왈   지 자 불 혹 인 자 불 우 용 자 불 구

더불어 배울 수는 있어도

공자께서 말씀하셨다.
"함께 공부할 수는 있어도
함께 도를 향해 나아갈 수는 없고,
함께 도를 향해 나아갈 수 있어도
함께 굳건하게 설 수 있는 것은 아니며,
함께 굳건하게 설 수 있어도
그것만으로 함께 변통할 수 있는 것은 아니다."

子曰: "可與共學, 未可與適道; 可與適道, 未可與立; 可與立,
자 왈   가 여 공 학   미 가 여 적 도   가 여 적 도   미 가 여 립   가 여 립

未可與權."
미 가 여 권

해설

　학문의 단계를 설명하는 부분입니다. 공자가 최상으로 여긴 변통의 단계는 곧 자신의 지식을 응용하여 자유자재로 융통할 수 있는 독창성의 단계를 말합니다. 함께 학문을 할 수는 있어도 도덕의 길을 같이 걸어가게 된다고 말하기는 어렵고, 함께 도를 지켜 나간다고 해도 사명이 같을 수는 없습니다. 사람은 각자 타고난 재질과 성품, 그리고 능력이 다르기 때문에 같은 학문을 해도 결과가 같을 수는 없습니다.

진실로 그리워한다면 🐼

"꽃잎이 펄럭이다 뒤집히네.
아 어찌 그대를 그리워하지 않으리.
그대 집은 멀리만 있네."
이 노래를 들으시며 공자께서 말씀하셨다.
"진실로 그리워한다면 어찌 집만 멀다고 하는 것인가."

"唐棣之華, 偏其反而. 豈不爾思? 室是遠而." 子曰: "未之思也,
　당 체 지 화　편 기 반 이　기 불 이 사　실 시 원 이　　자 왈　　미 지 사 야
夫何遠之有?"
부 하 원 지 유

제 **10** 편

향당 鄕黨
공사를 구분하고
예를 지키다

이 편에는 주로 공자의 일상생활에 관한 여러 일이 담겨 있습니다.
공자의 공公과 사私를 비롯하여
예와 악, 성실, 근엄한 생활의 면모에 대한
제자들의 기록을 발췌한 것입니다.

빅데이터 시대에 10대가 꼭 알아야 할 논어

장소에 따른 대화 🐼

공자께서 마을에 계실 때는
공손하고 과묵하시어 말을 할 줄 모르는 사람 같으셨다.
하지만 종묘와 조정에 계실 때는
분명하게 사리를 따져 주장을 펴시되 신중하게 하셨다.

孔子於鄉黨, 恂恂如也, 似不能言者. 其在宗廟朝廷, 便便言,
공 자 어 향 당   순 순 여 야   사 불 능 언 자   기 재 종 묘 조 정   편 편 언
唯謹爾.
유 근 이

🎣 해설

　공자는 향리에 있을 때는 말을 삼가며 공손하게 처신했습니다. 그러나
조정에 나가 나랏일에 참여할 때는 사리를 따져 분명하게 소신을 밝혔습
니다. 이것이 바로 중용의 덕을 체득한 성인聖人의 몸가짐입니다.

사람에 따른 대화 🐼

조정에서 하대부들과 말씀하실 때는 강직하셨고,
상대부와 말씀하실 때는 부드럽고 분명하셨으며,
임금이 계실 때는 공경스러우면서도 위엄을 갖추었다.

朝, 與下大夫言, 侃侃如也; 與上大夫言, 誾誾如也; 君在,
조　여하대부언　간간여야　여상대부언　은은여야　군재
踧踖如也, 與與如也.
축적여야　여여여야

침묵해야 할 때 🐼

식사를 하실 때는 말씀을 하지 않으셨고,
잠자리에 드셨을 때도 말씀을 하지 않으셨다.

食不語, 寢不言.
식불어　침불언

초라한 밥상도 감사하게

비록 거친 잡곡밥과 나물국일지라도
잡수시기 전에 반드시 감사의 제사를 드리셨으며
그 자태가 엄숙하고 경건하셨다.

雖疏食菜羹, 瓜祭, 必齊如也.
수 소 사 채 갱   과 제   필 제 여 야

해설

 공자는 모든 음식을 먹을 때 매번 조금씩 덜어서 그릇 사이에 놓아 음
식을 내려준 하늘에 감사하는 마음을 나타냈습니다.

자리가 바르지 않으면 앉지 말라

자리가 바르지 않으면
앉지 않으셨다.

席不正, 不坐.
석 부 정   부 좌

해설

　바른 마음은 바른 몸가짐에서 나옵니다. 공자는 이를 몸소 실천해 바른
자리가 아니면 앉지 않았습니다.

연장자를 존중하라

마을 사람들과 함께 술을 마실 때는
지팡이를 짚은 노인이 먼저 나간 다음에 따라 나가셨다.

鄕人飮酒, 杖者出, 斯出矣.
향 인 음 주   장 자 출   사 출 의

사신을 보낼 때의 예 🐼

사람을 다른 나라에 보내어 문안을 드릴 때는
그에게 두 번 절하고 나서 보내셨다.

問人於他邦, 再拜而送之.
문 인 어 타 방　재 배 이 송 지

해설

공자는 나라의 중대한 임무를 맡아 사신으로 떠나는 사람에게 공
경하는 마음을 나타냈습니다.

사람이 다쳤느냐? 🐼

마구간에 불이 났는데 공자께서 조정에서 돌아오시며,
"사람이 다쳤느냐?"라고 묻고는
말에 대해서는 묻지 않았다.

廐焚, 子退朝, 曰: "傷人乎?" 不問馬.
구 분　자 퇴 조　왈　　상 인 호　　불 문 마

죽은 친구에 대한 의리 🐼

친구가 죽었는데 의탁할 곳이 없자
"내 집에 빈소를 차려라"라고 말씀하셨다.

朋友死, 無所歸, 曰: "於我殯."
붕 우 사 　무 소 귀 　왈 　　어 아 빈

수레에서도 꼿꼿하게 🐼

수레에 오르실 때는
반드시 바르게 서서 손잡이 줄을 잡으셨다.
수레 안에서는 이리저리 두리번거리지 않고,
말씀을 빨리 하지 않았으며,
직접 손가락질을 하지 않으셨다.

升車, 必正立, 執綏. 車中不内顧, 不疾言, 不親指.
승 거 　필 정 립 　집 수 　거 중 불 내 고 　부 질 언 　불 친 지

제 **11** 편

선진 先進

지나친 것은
미치지 못한 것만 못하다

❀ ❀ ❀

이 편은 공자의 제자들의 인물됨을 평가하는 구절이 많습니다.
직설적인 평도 있고
간접적으로 비교하면서 평가를 내린 것도 있는데,
주로 제자들의 슬기로운 행실을 기록했습니다.

빅데이터 시대에 10대가 꼭 알아야 할
논어

옛사람을 따르리 🐼

공자께서 말씀하셨다.

"옛사람들은 예와 음악에서

야인처럼 질박했으나

후대의 사람들은 예와 음악에서

군자처럼 형식미를 갖추고 있다.

만일 내가 예와 음악을 마음대로 택하여 쓸 수 있다면

나는 옛사람들을 따르겠다."

子曰: "先進於禮樂, 野人也; 後進於禮樂, 君子也. 如用之,
자왈   선진어례악 야인야 후진어례악 군자야 여용지

則吾從先進."
즉오종선진

제자들을 추억하다 🐼

공자께서 말씀하셨다.
"진나라와 채나라에서 고생할 때 나를 따르던 사람들이
지금은 다 내 문하에 있지 않구나.
덕행이 훌륭한 사람은
안연·민자건·염백우·중궁이 있고,
언변에는 재아와 자공이 뛰어났고,
정사에 밝은 사람은 염유와 계로였고,
문장과 학문에는 자유와 자하가 뛰어났다."

子曰: "從我於陳蔡者, 皆不及門也. 德行: 顏淵·閔子騫·冉伯牛·
자왈   종아어진채자 개불급문야 덕행 안연 민자건 염백우

仲弓, 言語: 宰我·子貢, 政事: 冉有·季路, 文學: 子游·子夏."
중궁 언어 재아 자공 정사 염유 계로 문학 자유 자하

해설

    노나라로 돌아와 생을 마무리하던 공자가 옛날을 회고하면서 동고동락
했던 제자들을 회상한 것입니다. 공자는 제자들을 덕행, 언어, 정치, 문학
등 네 가지 덕성으로 나누고 각각 소질이 우수한 자들을 열거했습니다.
위에 기록한 제자들을 공자의 '십철十哲'이라고 합니다.

공자를 온전히 따른 안회

공자께서 말씀하셨다.
"안회는 도무지 나에게 도움을 주지 못한다.
그는 내가 하는 말에 기뻐하지 않는 것이 없었으니까."

子曰: "回也非助我者也, 於吾言無所不說."
자 왈   회 야 비 조 아 자 야   어 오 언 무 소 불 열

해설

　안회는 공자의 모든 가르침을 깊이 이해하고 좋아한 나머지 새로운 질문을 던지거나 반대 의견을 제시한 적이 없었습니다. 그래서 스승에게 지적 자극을 주지 못했다는 것인데, 여기서는 공자의 불만이라기보다는 칭찬이라고 봐야 합니다. 안회는 늘 공자의 가르침을 말없이 실천한 군자였기 때문입니다.

민자건의 효심 🧎

공자께서 말씀하셨다.
"참으로 효성스럽도다, 민자건이여!
부모형제가 그의 효성을 칭찬하는 말에
사람들도 트집을 잡지 못하는구나."

子曰: "孝哉閔子騫! 人不間於其父母昆弟之言."
자 왈   효 재 민 자 건   인 불 간 어 기 부 모 곤 제 지 언

🔖 해설

　민자건의 효성에 관한 유명한 일화가 많습니다. 하나만 소개하면, 민자건의 생모가 민자건의 형제를 낳고 죽자 그의 아버지는 후처를 맞이하여 아들 셋을 낳았습니다. 계모는 전처가 낳은 장남 민자건을 몹시 학대해서 한겨울에도 홑옷을 입혀 밖으로 내보냈습니다. 어느 겨울, 민자건이 아버지를 위해 수레를 몰고 가는데 날씨가 몹시 추워 손이 어는 바람에 고삐를 떨어뜨렸습니다. 이때 아버지가 아들의 옷이 얇고 다 해진 것을 보았습니다. 집에 돌아와 다른 아들들을 살펴보니 모두 두터운 솜옷을 입고 있었습니다. 아버지는 계모를 집에서 내쫓으려고 했습니다. 이때 민자건이 계모가 있으면 아들 하나만 추위에 떨면 되지만 계모가 없으면 네 아들이 모두 추위에 떨어야 하니 내쫓지 말아 달라고 아버지에게 간청했습니다. 이러한 민자건의 효성을 칭찬하는 부모와 형제의 말에 세상 사람들은 아무도 이의를 제기하지 않았습니다.

공자가 인정한 남용

남용이 백규의 시를 세 번 반복하여 암송하자,
공자께서 형님의 딸을 그에게 시집보내셨다.

南容三復白圭, 孔子以其兄之子妻之.
남 용 삼 복 백 규   공 자 이 기 형 지 자 처 지

해설

　공자는 남용이 〈백규〉라는 시를 세 번 되풀이해서 외우는 것을 보고,
그만큼 말에 신중한 사람은 믿을 만하다고 여겨 형의 딸을 그에게 시집보
냈습니다.

안회의 죽음을 통탄하다 🐼

안연(안회)이 죽자 공자께서 탄식하셨다.
"아아! 하늘이 나를 버리시는구나! 하늘이 나를 버리시는구나!"

顏淵死, 子曰: "噫! 天喪予! 天喪予!"
안 연 사 자 왈   희   천 상 여   천 상 여

해설

　　공자는 수제자 안회를 통해 자신의 학문을 후세에 이을 생각이었습니다. 그만큼 안회는 자질이 영특하고 인품이 고결했지만 불행히도 요절했습니다. 그의 죽음에 공자는 크나큰 충격과 절망에 빠져 하늘이 자기를 버렸다고 탄식했습니다.

삶도 알지 못하는데 죽음을 말하랴 🐼

계로가 귀신 섬기는 일에 대해 묻자 공자께서 말씀하셨다.

"사람도 제대로 섬기지 못하면서 어찌 귀신을 섬길 수 있겠느냐?"

"감히 죽음에 대하여 여쭙겠습니다."

공자께서 말씀하셨다.

"아직 삶도 알지 못하는데 어찌 죽음을 알 수 있겠느냐?"

季路問事鬼神, 子曰: "未能事人, 焉能事鬼?" 曰: "敢問死." 曰:
계 로 문 사 귀 신 　 자 왈 　 　미 능 사 인 　 언 능 사 귀 　 　 왈 　 감 문 사 　 왈

"未知生, 焉知死?"
미 지 생 　 언 지 사

말을 하면 사리에 맞는다

노나라 대신들이 장부長府라는 창고를 새로 짓자, 민자건이 말했다.

"옛것을 수리해서 쓰면 어떠한가? 왜 꼭 다시 지어야만 하는가?"

공자께서 말씀하셨다.

"그는 말을 잘 하지는 않지만 일단 말을 꺼내면 반드시 이치에 맞는다."

魯人爲長府, 閔子騫曰: "仍舊貫如之何? 何必改作?" 子曰:
노 인 위 장 부　민 자 건 왈　잉 구 관 여 지 하　하 필 개 작　　자 왈

"夫人不言, 言必有中."
부 인 불 언　언 필 유 중

해설

민자건은 언행이 신중한 사람입니다. 그런데 노나라 관리가 창고를 새로 만들고자 백성에게 징수하는 것을 부당하게 여겨 이와 같이 비판했습니다.

마루에는 올랐으나
아직 방에는 들지 못하다 🐼

공자께서 말씀하셨다.
"유(자로)는 어찌 내 집에서 거문고를 타는가?"
그러자 문인들이 자로를 공경하지 않았다.
이에 공자께서 말씀하셨다.
"유의 학문은 대청마루에는 올라섰으나 아직 방 안에는 들지 못
할 뿐이다."

子曰: "由之瑟, 奚爲於丘之門?" 門人不敬子路. 子曰:
자 왈   유 지 슬 해 위 어 구 지 문   문 인 불 경 자 로 자 왈

"由也升堂矣, 未入於室也."
유 야 승 당 의 미 입 어 실 야

🎧**해설**

　자로는 성격이 강직해 거문고를 타는 것도 감미롭기보다는 거칠었습니
다. 공자가 자로가 수양이 부족하다는 점을 지적하자 공자의 의도와는 다
르게 문인들이 자로를 존경하지 않았습니다. 그러자 공자가 비유를 들어
서 자로의 인격과 학문이 최고의 경지에 이르지는 못했지만 상당한 수준
이라고 말한 것입니다.

지나친 것은 모자란 것만 못하다

자공이 물었다.

"사(자장)와 상(자하) 가운데 누가 더 현명합니까?"

공자께서 말씀하셨다.

"사는 지나치고 상은 조금 못 미친다."

"그러면 사가 더 낫습니까?"

공자께서 말씀하셨다.

"지나친 것은 미치지 못하는 것과 마찬가지이다."

子貢問: "師與商也孰賢?" 子曰: "師也過, 商也不及." 曰:
자 공 문　　　사 여 상 야 숙 현　　　자 왈　　사 야 과　상 야 불 급　　　왈

"然則師愈與?" 子曰: "過猶不及."
연 즉 사 유 여　　　자 왈　　과 유 불 급

해설

　자장은 기상이 활달하고 생각이 진보적이었고, 반대로 자하는 만사에 조심하며 모든 일을 현실적으로 생각했습니다. 친구를 사귀는 데도 자장은 세상 사람들이 모두 형제인 것처럼 동등하게 대했고, 자하는 '자신만 못한 사람을 친구로 삼지 말라'고 제자들에게 가르쳤습니다.

　지나치지도 않고 부족하지도 않은 적절한 상태를 가리켜 중용中庸이라고 합니다. 공자는 중용을 매우 소중한 가치로 여겼습니다.

성현의 발자취를 따르라 🐼

자장이 선인의 도를 묻자, 공자께서 말씀하셨다.
"옛 성현의 훌륭한 발자취를 좇지 않으면
역시 성현의 경지에 들지 못한다."

子張問善人之道, 子曰: "不踐迹, 亦不入於室."
자 장 문 선 인 지 도   자 왈   불 천 적   역 불 입 어 실

말에 현혹되지 말라 🐼

공자께서 말씀하셨다.
"하는 말이 조리가 있고 그럴 듯하다고 해서 칭송하는데,
그 사람이 과연 군자다운 사람인가,
아니면 겉모습만 그럴 듯한 사람인가?"

子曰: "論篤是與, 君子者乎, 色莊者乎?"
자 왈   논 독 시 여   군 자 자 호   색 장 자 호

말 잘하는 사람을 경계하라 🐼

자로가 자고를 비읍의 수장으로 천거하자 공자께서 말씀하셨다.

"남의 자식을 망치는구나!"

자로가 말하였다.

"그곳에는 다스릴 백성이 있고 받들 사직이 있습니다. 어찌 반드시 책만 읽어야 공부한다고 하겠습니까?"

공자께서 말씀하셨다.

"이래서 내가 말 잘하는 사람을 미워하는 것이다."

子路使子羔爲費宰, 子曰: "賊夫人之子." 子路曰: "有民人焉,
자로사자고위비재 자왈 적부인지자   자로왈 유민인언

有社稷焉, 何必讀書然後爲學." 子曰: "是故惡夫佞者."
유사직언 하필독서연후위학   자왈   시고오부녕자

🔖 **해설**

자로가 자고를 비읍의 수장으로 천거하자, 공자는 예악을 터득하지 못한 자고에게 중임을 맡기려 함을 못마땅하게 생각한 것 같습니다. 이에 자로가 나라의 정무를 맡아 경험을 쌓는 것도 공부가 되지 않겠느냐고 반문하자, 공자는 자로의 변명을 받아들이지 않고 말만 그럴싸하게 하는 사람을 미워한다고 일침을 가했습니다.

제**12**편

안연 顔淵
자신을 이기고
예로 돌아가라

이 편에서는 어진 정치의 도리를 밝히고
이를 달성하는 길에 대해 말합니다.
임금과 신하, 아버지와 아들이 지켜야 할 예,
군자의 학문과 덕행, 옥사를 처리하는 일 등에 관해 실려 있습니다.
공자는 '인이란 자신을 이기고 예로 돌아가는 것'이라 역설했습니다.

**빅데이터 시대에 10대가 꼭 알아야 할
논어**

자신을 이기고 예로 돌아가라 🐼

안연이 인에 대하여 묻자, 공자께서 말씀하셨다.
"자기 자신을 이기고 예의 정신을 회복하는 것이 인이다.
하루만이라도 자신을 이기고 예로 돌아가게 되면
천하가 인으로 돌아온다.
인을 실천하는 것이
자신에게 달려 있지 남에게 달려 있겠는가?"

顏淵問仁, 子曰: "克己復禮爲仁. 一日克己復禮, 天下歸仁焉.
안 연 문 인   자 왈   극 기 복 례 위 인   일 일 극 기 복 례   천 하 귀 인 언
爲仁由己, 而由人乎哉?"
위 인 유 기   이 유 인 호 재

예가 아니면 행하지 말라 🐼

공자께서 말씀하셨다.
"예가 아니면 보지 말고, 예가 아니면 듣지 말며,
예가 아니면 말하지 말고, 예가 아니면 행하지 말라."

子曰: "非禮勿視, 非禮勿聽, 非禮勿言, 非禮勿動."
자 왈   비 례 물 시   비 례 물 청   비 례 물 언   비 례 물 동

자신이 원치 않는 일을 남에게 강요하지 말라

중궁이 인에 대해 묻자,

공자께서 말씀하셨다.

"문밖에 나가 사람을 대할 때는 귀한 손님을 대하듯 하고,

백성을 부릴 때는 큰 제사를 받들듯이 해야 한다.

자기가 원하지 않는 일을 남에게 강요하지 말라.

이렇게 하면 나라에서도, 집안에서도 원망하는 이가 없을 것이다."

仲弓問仁, 子曰: "出門如見大賓, 使民如承大祭. 己所不欲,
중궁문인 자왈   출문여견대빈 사민여승대제   기소불욕

勿施於人. 在邦無怨, 在家無怨."
물시어인 재방무원   재가무원

스스로 허물이 없다면
무엇을 근심하고 두려워하겠는가

사마우가 군자에 대해 묻자, 공자께서 말씀하셨다.

"군자는 근심하지도 않고 두려워하지도 않는다."

사마우가 "근심하지 않고 두려워하지도 않으면 군자라고 할 수 있습니까?" 하고 묻자, 공자께서 말씀하셨다.

"스스로를 돌아보아 허물이 없다면 무엇을 근심하고 무엇을 두려워하겠느냐?"

司馬牛問君子, 子曰: "君子不憂不懼." 曰: "不憂不懼,
사 마 우 문 군 자   자 왈   군 자 불 우 불 구   왈   불 우 불 구

斯謂之君子矣乎?" 子曰: "內省不疚, 夫何憂何懼?"
사 위 지 군 자 의 호   자 왈   내 성 불 구 부 하 우 하 구

군자는 천하의 모든 이가 형제

사마우가 근심스럽게 말하였다.

"다른 사람들은 모두 형제가 있는데 나만 홀로 형제가 없다."

자하가 말하였다.

"제가 듣자 하니, 죽고 사는 것은 운명에 달려 있고, 부귀는 하늘에 매여 있다고 하였습니다. 군자가 공경하는 마음을 가지고 한순간도 소홀함이 없이 노력하여 남에게 공손하고 예절 바르게 대하면 온 세상 사람들이 모두 형제인데 군자인 당신이 어찌 형제가 없다고 걱정하십니까?"

司馬牛憂曰: "人皆有兄弟, 我獨亡." 子夏曰: "商聞之矣:
사 마 우 우 왈   인 개 유 형 제 아 독 무   자 하 왈   상 문 지 의

死生有命, 富貴在天. 君子敬而無失, 與人恭而有禮, 四海之內,
사 생 유 명 부 귀 재 천 군 자 경 이 무 실 여 인 공 이 유 례 사 해 지 내

皆兄弟也. 君子何患乎無兄弟也?"
개 형 제 야 군 자 하 환 호 무 형 제 야

해설

사마우에게는 형인 환퇴가 있었지만, 그는 공자를 죽이려고 시도한 무도한 사람이었기 때문에 형제가 없는 것으로 생각했습니다.

감정에 휘둘리지 말아야 한다 🐼

자장이 총명함에 대하여 묻자, 공자께서 말씀하셨다.

"물이 스며들듯 은근한 참소讒訴와

직접 피부로 느껴질 만큼 절실한 하소연을 물리친다면

사리에 밝다고 할 수 있다.

물이 스며들듯 은근히 하는 참소나

직접 피부로 느껴질 만큼 절실한 하소연에 넘어가지 않아야

비로소 멀리까지 내다본다고 할 수 있다."

子張問明, 子曰：“浸潤之譖, 膚受之愬, 不行焉, 可謂明也已矣.
자 장 문 명　자 왈　　침 윤 지 참　부 수 지 소　불 행 언　가 위 명 야 이 의

浸潤之譖, 膚受之愬, 不行焉, 可謂遠也已矣.”
침 윤 지 참　부 수 지 소　불 행 언　가 위 원 야 이 의

🎣 해설

　자장이 총명함에 대해 질문했을 때, 공자가 대답한 말입니다. 공자는
사리를 올바르게 판단하기 위해 참소나 하소연에 휘둘리는 감정을 버리
고 냉정해야 한다고 충고했습니다.

백성들의 믿음이 없으면 나라도 없다 🐼

자공이 정치에 대해 묻자, 공자께서 말씀하셨다.

"백성의 식량을 풍족하게 하는 것, 군비를 넉넉하게 하는 것, 백성들이 믿도록 하는 것이다."

자공이 "부득이 한 가지를 버려야 한다면 이 세 가지 중에서 어느 것을 먼저 버려야 합니까?" 하자 공자께서 말씀하셨다.

"군대를 버려야 한다."

자공이 또 물었다.

"부득이 한 가지를 더 버려야 한다면 두 가지 중에서 어느 것을 먼저 버려야 합니까?"

"식량을 버린다. 예로부터 죽음은 누구에게나 있는 일이지만, 백성들의 믿음이 없으면 나라가 존립할 수 없다."

子貢問政, 子曰: "足食足兵, 民信之矣." 子貢曰: "必不得已而去,
자공문정 자왈 족식족병 민신지의 자공왈 필부득 이 이 거

於斯三者何先?" 曰: "去兵." 子貢曰: "必不得已而去,
어 사 삼 자 하 선 왈 거병 자공왈 필부득 이 이 거

於斯二者何先?" 曰: "去食. 自古皆有死, 民無信不立."
어 사 이 자 하 선 왈 거식 자 고 개 유 사 민 무 신 불 립

🔖 **해설**

공자는 정치의 요체로 국방이나 경제보다도 위정자에 대한 백성들의 신망을 더욱 중요하게 여겼습니다. 백성의 신망을 잃으면 나라도, 사직도 무너지고 만다는 것은 그의 변치 않는 소신이었습니다.

임금은 임금답게, 신하는 신하답게 🐼

제나라 경공이 공자께 정치에 관해 묻자, 공자께서 말씀하셨다.

"임금은 임금다워야 하고, 신하는 신하다워야 하고, 아버지는 아버지다워야 하고, 아들은 아들다워야 합니다."

제경공이 말했다.

"좋은 말씀이오. 진실로 임금이 임금답지 못하고, 신하가 신하답지 못하며, 아버지가 아버지답지 못하고, 아들이 아들답지 못하면 비록 곡식이 있다 한들 내 어찌 먹을 수 있겠소?"

齊景公問政於孔子, 孔子對曰: "君君, 臣臣, 父父, 子子."
제 경 공 문 정 어 공 자   공 자 대 왈   군 군   신 신   부 부   자 자

公曰: "善哉! 信如君不君, 臣不臣, 父不父, 子不子, 雖有粟,
공 왈   선 재   신 여 군 불 군   신 불 신   부 불 부   자 부 자   수 유 속

吾得而食諸?"
오 득 이 식 저

송사를 판결할 수 있는 사람 🐼

공자께서 말씀하셨다.
"한마디 말로써 송사를 판결할 수 있는 사람은
아마도 유(자로)이리라!"
자로는 승낙한 것을 이행하지 않고 하루를 끄는 법이 없었다.

子曰: "片言可以折獄者, 其由也與!" 子路無宿諾.
자 왈   편 언 가 이 절 옥 자 기 유 야 여   자 로 무 숙 낙

🔖해설

　자로는 용맹을 좋아하고 과단성이 있어 송사를 내리는 데도 우물쭈물하
는 일이 없었습니다. 그리고 다른 사람과 약속한 일은 반드시 실천에 옮겼
습니다. 공자는 자로의 저돌적인 면을 우려해 좀 더 심사숙고하도록 조언
하는 한편 그의 믿음직하고 솔직한 성품에 신뢰를 보인 때도 있습니다.

송사가 없도록 하라 🐼

공자께서 말씀하셨다.
"송사를 듣고 판결하는 것은
나도 남만큼은 할 수 있다.
그러나 그보다는 반드시 송사가 없도록 해야 할 것이다!"

子曰: "聽訟, 吾猶人也. 必也使無訟乎!"
자 왈   청 송 오 유 인 야 필 야 사 무 송 호

게으름 없이 마음을 다하라 🐼

자장이 정치에 관하여 묻자, 공자께서 말씀하셨다.
"관직에 있을 때는 태만하지 말고
정사를 처리할 때는 진실된 마음으로 해야 한다."

子張問政, 子曰: "居之無倦, 行之以忠."
자 장 문 정 자 왈   거 지 무 권 행 지 이 충

군자와 소인의 차이 4 🐼

공자께서 말씀하셨다.
"군자는 다른 사람의 좋은 점을 도와 이루도록 해주고,
다른 사람의 나쁜 점은 이루지 못하게 한다.
소인은 이와 반대이다."

子曰: "君子成人之美, 不成人之惡, 小人反是."
자 왈   군 자 성 인 지 미   불 성 인 지 악   소 인 반 시

정치란 바로잡는 일 🐼

계강자가 공자께 정치에 대해서 묻자, 공자께서 대답하셨다.
"정치란 바로잡는 일입니다.
그대가 앞장서서 바른 도리로 이끌어 준다면
감히 누가 바르게 행하지 않을 수 있겠습니까?"

季康子問政於孔子, 孔子對曰: "政者, 正也. 子帥以正,
계 강 자 문 정 어 공 자   공 자 대 왈   정 자   정 야   자 솔 이 정

孰敢不正?"
숙 감 부 정

윗물이 맑아야 아랫물이 맑다 🐼

계강자가 도둑이 많은 것을 걱정하여 공자에게 조언을 구하자,
공자께서 말씀하셨다.
"진실로 선생이 욕심을 부리지 않는다면,
비록 상을 준다고 해도
백성들은 도둑질을 하지 않을 것입니다."

季康子患盜, 問於孔子, 孔子對曰: "苟子之不欲, 雖賞之不竊."
계 강 자 환 도　문 어 공 자　공 자 대 왈　　구 자 지 불 욕　수 상 지 부 절

🔖 **해설**

　계강자는 적자嫡子의 자리를 빼앗고 왕권까지 무력하게 만든 세도가였습니다. 또 백성들에게 무거운 세금을 부과하여 부를 축적했으니 도둑치고는 큰 도둑인 셈입니다. 이런 그가 치안을 어지럽히는 자가 많다고 걱정하고 있습니다.

　공자는 위정자인 당신 자신부터 탐욕을 버리고, 월권행위를 하지 않는다면 백성들의 도둑질도 자연히 사라지게 될 것이라고 말합니다. 윗사람이 청렴결백하다면 아랫사람들은 자연히 따르게 마련이라고 충고한 것입니다.

풀은 바람이 부는 대로 눕는다 🐼

공자께서 말씀하셨다.
"군자의 덕은 바람과 같고,
소인의 덕은 풀과 같다.
풀은 바람이 부는 대로 눕기 마련이다."

子曰:"君子之德風, 小人之德草. 草上之風, 必偃."
자 왈   군 자 지 덕 풍 소 인 지 덕 초 초 상 지 풍   필 언

명성과 통달은 다르다 🐼

자장이 "선비는 어떠해야 통달했다고 할 수 있습니까?"라고 묻자, 공자께서 "네가 말하는 통달이란 무엇이냐?"라고 하셨다.

이에 자장이 대답하기를 "제후의 나라에서도 반드시 이름이 나고, 경대부의 영지에서도 반드시 이름이 나는 것입니다."라고 했다.

그러자 공자께서 말씀하셨다.

"그것은 명성이지, 통달이 아니다. 참으로 통달하는 사람은 성품이 강직하고 의로움을 좋아하며, 남의 말을 잘 헤아리고, 남의 기색을 잘 살피며 자신을 남보다 낮추어 생각한다. 그래야 제후의 나라에서도 통달하고 경대부의 영지에서도 통달할 수 있는 것이다.

그러나 명성을 얻기만 하는 사람은 겉으로는 인을 취하는 척하면서 실제로는 인에 어긋나는 짓을 한다. 그러면서도 자기의 처신에 대해서 의심하지 않는 사람이다. 이들이 곧 제후의 나라에서도 이름을 내고, 경대부의 영지에도 이름을 내는 것이다."

子張問: "士何如斯可謂之達矣?" 子曰: "何哉爾所謂達者."
자 장 문   사 하 여 사 가 위 지 달 의   자 왈   하 재 이 소 위 달 자

子張對曰: "在邦必聞, 在家必聞." 子曰: "是聞也, 非達也.
자 장 대 왈   재 방 필 문 재 가 필 문   자 왈   시 문 야   비 달 야

夫達也者, 質直而好義, 察言而觀色, 慮以下人. 在邦必達,
부 달 야 자   질 직 이 호 의   찰 언 이 관 색   여 이 하 인   재 방 필 달

在家必達. 夫聞也者, 色取仁而行違, 居之不疑. 在邦必聞,
재 가 필 달 부 문 야 자   색 취 인 이 행 위   거 지 불 의   재 방 필 문

在家必聞."
재 가 필 문

충고를 받아들이지 않는 친구는
친구가 아니다 🐼

자공이 벗에 대해 묻자, 공자께서 말씀하셨다.
"진실된 마음으로 조언해 주고 잘 인도하되,
듣지 않으면 그만두어
욕을 당하는 일이 없도록 해야 한다."

子貢問友, 子曰: "忠告而善道之, 不可則止, 無自辱焉."
자공문우　자왈　　충고이선도지　불가즉지　무자욕언

글로 벗을 만나고
벗으로 인을 키우다 🐼

증자가 말했다.
"군자는 학문으로 벗을 모으고,
벗을 통하여 인의 덕을 높인다."

曾子曰: "君子以文會友, 以友輔仁."
증자왈　　군자이문회우　이우보인

자 로 子路

가까운 이는 기쁘게,
멀리 있는 이는
찾아오게

이 편은 주로 정치에 관한 문답으로 이루어져 있습니다.
후반부에는 가정 및 나라를 다스리는 사람과
정치에 참여하는 사람들이
지켜야 할 도덕에 관한 내용이 실려 있습니다.
공자는 중용의 도를 지키고 윤리 도덕을 지키는 것이
자신을 다스리고 나라를 다스리는 기본임을 역설했습니다.

빅데이터 시대에 10대가 꼭 알아야 할
논어

먼저 앞장서 행하라 🐼

자로가 정치에 대해서 묻자, 공자께서 말씀하셨다.
"백성들보다 먼저 앞장서서 일을 하고,
그다음에 백성들을 부려야 한다."
더 자세히 듣기를 청하자, 공자께서 말씀하셨다.
"게을리함이 없어야 한다."

子路問政, 子曰: "先之勞之." 請益, 曰: "無倦."
자 로 문 정   자 왈   선 지 로 지   청 익   왈   무 권

 해설

자로가 정치에 대해 질문하자 공자가 대답한 것인데, 공자는 정치를 할 때 나태한 행동은 사명감을 포기하는 것과 같다고 말했습니다. 특히 자로가 게으른 면이 있었기 때문에 이 점까지 지적하고 있습니다.

인재를 등용하는 것이 중요하다 🐼

중궁이 계씨의 가재家宰가 되어 정치에 대해 묻자, 공자께서 말씀하셨다.

"먼저 각 관원에게 일을 맡기고, 작은 과실은 용서하며, 현명한 인재를 등용해야 한다."

"현명한 인재인지 어떻게 알고 등용합니까?"

공자께서 말씀하셨다.

"우선 네가 잘 아는 현명한 사람을 등용해라. 그리하면 네가 알지 못하는 현명한 사람을 다른 사람들이 그냥 내버려 두겠느냐?"

仲弓爲季氏宰, 問政, 子曰: "先有司, 赦小過, 擧賢才." 曰:
중 궁 위 계 씨 재 문 정 자 왈　선 유 사　사 소 과　거 현 재　왈

"焉知賢才而擧之?" 子曰: "擧爾所知, 爾所不知, 人其舍諸?"
언 지 현 재 이 거 지　자 왈　　거 이 소 지　이 소 부 지　인 기 사 저

자기 말에 소홀함이 없어야 한다 🐼

공자께서 말씀하셨다.

"명분이 바르지 않으면 말이 순조롭지 않고,

말이 순조롭지 않으면 일이 이뤄지지 않으며,

일이 이뤄지지 않으면 예악이 일어나지 않고,

예악이 일어나지 않으면 형벌이 합당치 않으며,

형벌이 합당하지 않으면 백성들이 손발을 둘 데가 없다.

그러므로 군자가 명분을 세우면 반드시 말할 수 있어야 하고,

말을 하면 반드시 행할 수 있어야 한다.

군자는 자기 말에 소홀함이 없어야 한다."

子曰: "名不正, 則言不順; 言不順, 則事不成; 事不成,
자왈　명부정　즉언불순　언불순　즉사불성　사불성

則禮樂不興; 禮樂不興, 則刑罰不中; 刑罰不中, 則民無所措手足.
즉례악불흥　예악불흥　즉형벌부중　형벌부중　즉민무소조수족

故君子名之必可言也, 言之必可行也. 君子於其言, 無所苟已矣."
고군자명지필가언야　언지필가행야　군자어기언　무소구이의

이론보단 실제 🐼

공자께서 말씀하셨다.

"정치를 맡기면 잘 해내지 못하고,

여러 나라에 사신으로 가서

독자적으로 대응할 수 없다면

《시경》의 시 삼백 편을 외운들 무슨 소용이 있겠는가?"

子曰: "誦詩三百, 授之以政, 不達; 使於四方, 不能專對,
자 왈   송 시 삼 백   수 지 이 정   부 달   사 어 사 방   불 능 전 대

雖多亦奚以爲?"
수 다 역 해 이 위

해설

   대부가 다른 나라에 사신으로 나갈 때는 궁극적인 사명만 받습니다. 나머지는 현장 상황에 따라 스스로 판단하여 임기응변으로 대처해야 합니다. 그릇이 작고 고지식하여 일을 능숙하게 처리하지 못한다면 아무리 많은 지식을 쌓아도 아무 소용이 없다는 의미입니다.

바르게 행하면 저절로 따른다 🐼

공자께서 말씀하셨다.
"위정자 자신이 올바르면
명령을 내리지 않아도 만사가 이루어지고,
위정자 자신이 올바르지 않으면
명령을 내려도 백성들이 따르지 않는다."

子曰:"其身正,不令而行; 其身不正,雖令不從."
자 왈   기 신 정 불 령 이 행 기 신 부 정 수 령 부 종

돈에 대한 적절한 태도 🐼

공자께서 위나라 공자 형荊에 대하여 말씀하셨다.

"그는 집안 살림을 잘 꾸려 갔다.

처음으로 재산이 모이기 시작하자

'그런 대로 필요한 만큼 모였다'라고 하였고,

그 후 좀 더 재물이 늘어나자

'그런 대로 갖추었다'라고 말했으며,

그 후 아주 부유하게 되자

'그런 대로 화려하다'라고 하였다."

子謂衛公子荊: "善居室, 始有, 曰: '苟合矣.' 少有, 曰: '苟完矣.'
자 위 위 공 자 형   선 거 실 시 유 왈   구 합 의   소 유 왈   구 완 의

富有, 曰: '苟美矣.'"
부 유 왈   구 미 의

🎣 **해설**

당시에는 없으면서도 있는 척하며 허세를 부리는 풍토가 만연했는데,
재물에 대해 욕심이 없고 겸손한 위나라 공자 형荊의 태도가 이렇게 말투
에서도 드러났다는 구절입니다.

먹고살 수 있게 해준 뒤 가르쳐라 🐼

공자가 위나라로 갈 때 염유가 마차를 몰았는데,
공자께서 말씀하셨다.
"위나라 백성이 많기도 하구나!"
염유가 물었다.
"백성이 많아지고 나면 거기에 무엇을 더해 주어야 합니까?"
공자께서 말씀하셨다.
"부유하게 해주어야 한다."
"백성들이 부유해지고 나면 또 무엇을 더해 주어야 합니까?"
"가르쳐야 한다."

子適衛, 冉有僕, 子曰: "庶矣哉!" 冉有曰: "旣庶矣, 又何加焉?"
자 적 위   염 유 복   자 왈   서 의 재   염 유 왈   기 서 의 우 하 가 언
子曰: "富之." 曰: "旣富矣, 又何加焉?" 子曰: "敎之."
자 왈   부 지   왈   기 부 의 우 하 가 언   자 왈   교 지

나를 써 주는 사람이 있다면 🐼

공자께서 말씀하셨다.

"진실로 나를 써 주는 사람이 있다면

1년이면 나라를 바로잡아 어느 정도 기강을 세우고,

3년이면 치적을 이룰 수 있을 것이다."

子曰: "苟有用我者, 朞月而已可也, 三年有成."
자 왈   구 유 용 아 자   기 월 이 이 가 야   삼 년 유 성

 해설

공자가 위나라 영공靈公을 만난 뒤 자신이 등용될 가망이 없음을 알고 나서 이 말을 했다고 전해집니다. 즉 위나라에서 정치에 참여할 기회가 주어지면 1년이면 나라의 기강을 바로잡을 것이며, 3년 뒤에는 뚜렷한 성과를 올릴 수 있다는 뜻입니다.

착한 정치는 포악함을 이긴다 🐼

공자께서 말씀하셨다.

"'착한 사람이 백 년 동안 나라를 다스린다면
잔악함을 억누르고 살육을 없앨 수 있으리라' 했거늘,
이는 정말 옳은 말이다."

子曰 : "'善人爲邦百年, 亦可以勝殘去殺矣.' 誠哉是言也."
자 왈   선 인 위 방 백 년   역 가 이 승 잔 거 살 의   성 재 시 언 야

성군이 나타나도 한 세대는 지나야 한다 🐼

공자께서 말씀하셨다.

"설사 왕도 정치를 행하는 자가 나타난다 하더라도

반드시 한 세대가 지난 이후에야

천하에 인덕이 행해질 것이다."

子曰: "如有王者, 必世而後仁."
자 왈   여 유 왕 자 필 세 이 후 인

해설

　왕자王者란 세력 확장에 수단과 방법을 가리지 않는 패자霸者와는 정반대되는 입장에 있는 사람입니다. 왕자는 성인다운 학식과 인격을 갖추고 온 천하의 모든 사람들에게 인정仁政을 베푸는 성천자聖天子입니다. 인간의 선의지善意志를 믿고 잘못과 비행非行을 덕으로 교화하는 군주에게 천하의 민심은 자연히 쏠리게 됩니다. 이런 성왕이 나타난 지 30년쯤 되면 온 세상에 인덕이 골고루 퍼져 태평성대를 이룰 수 있다는 뜻입니다.

자신을 바로잡지 못하면서
어찌 남을 바로잡겠는가 🐼

공자께서 말씀하셨다.

"자기 자신을 바로잡으면

정치를 하는 데 무슨 문제가 있겠는가?

자기 자신을 바로잡지 못한다면

어떻게 남을 바르게 다스릴 수 있겠는가?"

子曰: "苟正其身矣, 於從政乎何有? 不能正其身, 如正人何?"
자 왈   구 정 기 신 의   어 종 정 호 하 유   불 능 정 기 신   여 정 인 하

가까운 이는 기쁘게 하고
멀리 있는 이는 찾아오게 하라 🐼

섭공이 정치에 대해 묻자, 공자께서 말씀하셨다.
"가까이 있는 사람은 기쁘게 하고,
멀리 있는 사람은 찾아오게 하는 것입니다."

葉公問政, 子曰: "近者說, 遠者來."
섭 공 문 정 자 왈   근 자 열 원 자 래

🔖 **해설**

섭공은 초나라의 대부로 대외관계에서 활약한 정치인입니다. 그러나
백성들에게 덕정德政을 베푸는 데는 그다지 신경 쓰지 않았습니다. 그런
그에게 공자는 정치란 위정자가 먼저 덕정을 베풀어 백성들이 즐거운 마
음으로 따르게 해야만 성과를 거둘 수 있음을 강조하고 있습니다.

일할 때는 신중하게,
사람을 대할 때는 진심으로 🐼

번지가 인에 대해서 묻자, 공자께서 말씀하셨다.

"평소에는 몸가짐을 단정하면서도 공손하게 하고,

일을 할 때는 신중하게 하고,

사람을 대할 때는 진심으로 해야 한다.

이는 비록 오랑캐 나라에 간다고 해도 버릴 수 없는 것이다."

樊遲問仁, 子曰: "居處恭, 執事敬, 與人忠. 雖之夷狄, 不可棄也."
번 지 문 인 자 왈   거 처 공 집 사 경 여 인 충   수 지 이 적 불 가 기 야

부끄러워할 줄 알아야 선비다 🐼

공자께서 말씀하셨다.

"자신의 행동에 대해 부끄러워할 줄 알고,

여러 나라에 사신으로 가서도

임금으로부터 받은 사명을 욕되게 하지 않는다면

선비라고 할 수 있다."

子曰: "行己有恥, 使於四方, 不辱君命, 可謂士矣."
자 왈   행 기 유 치 사 어 사 방 불 욕 군 명 가 위 사 의

뜻이 높은 사람, 고집스러운 사람 🐼

공자께서 말씀하셨다.
"중용의 도를 실천하는 사람과 함께하지 못한다면
차라리 뜻이 높은 사람이나 고지식한 사람을 택하겠다.
뜻이 높은 사람은 진취적이고,
고지식한 사람은 옳지 않은 일은 하지 않기 때문이다."

子曰: "不得中行而與之, 必也狂狷乎. 狂者進取,
자 왈   부 득 중 행 이 여 지   필 야 광 견 호   광 자 진 취

狷者有所不爲也."
견 자 유 소 불 위 야

해설

공자는 중용의 도를 익혀 실천하는 것을 최고의 가치로 여겼으나, 그런 사람을 만나는 것은 불가능하다고 보았습니다. 그럴 경우에는 대신 광자 狂者나 견자狷者와 어울리겠다는 뜻입니다. 광狂은 뜻이 높은 사람을 말하고, 견狷은 고집스러운 사람을 말합니다. 광자나 견자는 그들 나름대로의 뚜렷한 주관이 있기 때문에 공자는 이들을 차선책으로 택했습니다.

화합하되 휩쓸리지 말라 🐼

공자께서 말씀하셨다.
"군자는 사람들과 화합하지만 부화뇌동하지는 않고,
소인은 부화뇌동하지만 사람들과 화합하지 못한다."

子曰:"君子和而不同, 小人同而不和."
자 왈   군 자 화 이 부 동   소 인 동 이 불 화

해설

군자는 자기만의 확고한 가치 판단을 지니고 있는 사람입니다. 공공의
이익이나 도리에 맞는 일에는 협조를 아끼지 않으나, 이 경우에도 자기의
주관을 지닌 채 남과 화합합니다. 이에 반해 소인은 뚜렷한 주관이나 개
성이 없는 존재로 자기의 이익을 위해서는 불합리한 일에도 쉽게 뇌동합
니다. 군자가 자기만의 가치로 사회 발전에 공헌하는 데 반하여, 소인은
옳지 못한 일에 동화됨으로써 자기의 존재 의의마저 상실합니다.

군자는 섬기기는 쉬워도
기쁘게 하기는 어렵다 🐼

공자께서 말씀하셨다.

"군자는 섬기기는 쉬워도 기쁘게 하기는 어렵다.

기쁘게 하려고 노력해도 도리에 맞지 않으면

군자는 기뻐하지 않는다.

사람을 부릴 때는 그 사람의 역량에 따라 일을 맡긴다.

소인은 섬기기는 어려워도 기쁘게 하기는 쉽다.

올바른 도리로 하지 않더라도 기뻐한다.

그러나 소인이 사람을 부릴 경우에는

능력을 다 갖추고 있기를 요구한다."

子曰: "君子易事而難說也. 說之不以道, 不說也. 及其使人也,
자 왈　　군 자 이 사 이 난 열 야　열 지 불 이 도　불 열 야　급 기 사 인 야

器之. 小人難事而易說也. 說之雖不以道, 說也, 及其使人也,
기 지　소 인 난 사 이 이 열 야　열 지 수 불 이 도　열 야　급 기 사 인 야

求備焉."
구 비 언

태연하면서도 교만하지 않게 🐼

공자께서 말씀하셨다.
"군자는 태연하면서도 교만하지 않고,
소인은 교만하면서도 태연하지 못하다."

子曰: "君子泰而不驕, 小人驕而不泰."
자 왈　군 자 태 이 불 교　소 인 교 이 불 태

강직하고 말이 적은 사람이 인에 가깝다 🐼

공자께서 말씀하셨다.
"강직하고 의연하며, 소박하고 말이 적은 사람은 인에 가깝다."

子曰: "剛毅木訥, 近仁."
자 왈　강 의 목 눌　근 인

선한 사람이 백성을 가르치면 🐼

공자께서 말씀하셨다.
"선한 사람이 백성들을 7년 동안 가르친다면
그 백성들을 전쟁에 나가 싸우게 할 수 있다."

子曰: "善人教民七年, 亦可以卽戎矣."
자 왈   선 인 교 민 칠 년   역 가 이 즉 융 의

해설

통치자가 백성을 잘 다스려 기강을 바로잡고 훌륭한 정치를 펼치면 나라
가 위급할 때는 백성이 자발적으로 전쟁터에 나갈 수도 있다는 말입니다.

먼저 가르쳐라 🐼

공자께서 말씀하셨다.
"백성들을 가르치지 않고 전쟁에 나가도록 하는 것은
곧 그들을 버리는 것이다."

子曰: "以不教民戰, 是謂棄之."
자 왈   이 불 교 민 전   시 위 기 지

제 **14** 편

헌 문憲問

이로움을 보면
의로움을 생각하라

이 편에서는 삼왕三王과 이패二霸의 역사적인 발자취와
여러 제후와 대부의 발자취를 논하고 있습니다.
인을 실천하고 염치를 아는 것,
자신을 수양하고 백성들을 잘살게 해주는
정치의 큰 뜻을 밝혔습니다.

빅데이터 시대에 10대가 꼭 알아야 할
논어

수치스러운 일 🐼

원헌이 수치에 대해서 묻자, 공자께서 말씀하셨다.
"나라에 도가 행해지고 있을 때
자리를 차지하고 앉아서 녹봉이나 받아먹고,
나라에 도가 행해지지 않을 때도
관직에서 물러나지 않고
녹봉을 받아먹는 것은 수치스러운 일이다."

憲問恥, 子曰: "邦有道, 穀; 邦無道, 穀, 恥也."
헌 문 치   자 왈   방 유 도 곡   방 무 도 곡   치 야

🎧 해설

　나라에 도가 있을 때 관리로 등용되었으면 자신의 능력을 한껏 발휘해 나라를 위해 무언가를 성취해야 하는 것이 관리의 의무입니다. 그런데도 자리만 지키고 아무것도 하지 않으며 녹봉만 받는 것은 수치스런 일입니다. 반대로 나라에 도가 없으면 곧장 벼슬에서 물러나 자신의 수양에 전념해야 하는데, 그러지 않는 것도 선비의 도리가 아니라는 뜻입니다.

선비는 편안함을 생각하지 않는다 🐼

공자께서 말씀하셨다.
"선비가 편안히 살기만을 생각한다면 선비라고 할 수 없다."

子曰: "士而懷居, 不足以爲士矣."
자 왈　사 이 회 거　부 족 이 위 사 의

도가 있을 때와 없을 때 🐼

공자께서 말씀하셨다.
"나라에 도가 행해지고 있을 때는
말과 행동을 돋보이게 하지만,
나라에 도가 행해지고 있지 않을 때는
행동은 돋보이게 하되, 말은 공손해야 한다."

子曰: "邦有道, 危言危行; 邦無道, 危行言孫."
자 왈　방 유 도　위 언 위 행　방 무 도　위 행 언 손

 해설

　말과 행동을 돋보이게 하라는 것은 바른 말과 행동을 하라는 뜻입니다. 행동은 돋보이게 하고 말은 공손히 하라는 것은 행동은 바르게 하되 말은 매사 조심하여 화를 피하라는 것입니다.

바른 말을 한다고 덕이 있는 것은 아니다 🐼

공자께서 말씀하셨다.

"덕이 있는 사람은

반드시 바른 말을 하는 법이지만,

바른 말을 하는 사람이라고 해서

반드시 덕이 있는 것은 아니다.

어진 사람은 반드시 용기를 갖고 있지만,

용기를 갖고 있다고 해서

반드시 어진 것 또한 아니다."

子曰: "有德者, 必有言, 有言者, 不必有德. 仁者, 必有勇, 勇者,
자왈   유덕자 필유언 유언자 불필유덕 인자 필유용 용자
不必有仁."
불필유인

어질지 않은 군자는 있어도 어진 소인은 없다 🐼

공자께서 말씀하셨다.

"군자로서 어질지 못한 사람은 있겠지만,

소인으로 어진 사람은 없다."

子曰: "君子而不仁者有矣夫, 未有小人而仁者也."
자 왈   군 자 이 불 인 자 유 의 부   미 유 소 인 이 인 자 야

진실로 사랑한다면 🐼

공자께서 말씀하셨다.

"그를 사랑한다면 수고롭게 하지 않을 수 있겠느냐?

그를 진심으로 대한다면서

바르게 깨우쳐 주지 않을 수 있겠느냐?"

子曰: "愛之, 能勿勞乎? 忠焉, 能勿誨乎?"
자 왈   애 지 능 물 로 호   충 언 능 물 회 호

가난에 지지 말고
부에 지배되지 말라 🐼

공자께서 말씀하셨다.
"가난하면서 원망하지 않기는 어렵지만,
부유하면서 교만하지 않기는 쉽다."

子曰: "貧而無怨難, 富而無驕易."
자 왈   빈 이 무 원 난   부 이 무 교 이

이로움을 보면 의로움을 생각하고
위태로움을 보면 목숨을 바쳐라 🐼

공자께서 말씀하셨다.
"이로움이 되는 일을 보면 의로운 것인지를 생각하고,
나라가 위태로운 것을 보면 목숨을 바치며,
오래된 약속이라 할지라도 그 말을 잊지 않는다면
완성된 인간이라고 할 수 있다."

子曰: "見利思義, 見危授命, 久要不忘平生之言,
자 왈   견 리 사 의   견 위 수 명   구 요 불 망 평 생 지 언

亦可以爲成人矣."
역 가 이 위 성 인 의

언행일치의 조건 🐼

공자께서 말씀하셨다.
"말하는 데 부끄러움이 없다면
그것을 실행하는 것도 어렵다."

子曰: "其言之不怍, 則爲之也難."
자 왈   기 언 지 부 작   즉 위 지 야 난

 해설

말하기를 부끄러워해야 말을 조심하게 됩니다. 쉽게 함부로 말하는 사람은 그 말을 실천하기 어렵습니다.

속이지 말고 간언하라 🐼

자로가 임금을 섬기는 것에 대하여 묻자,
공자께서 말씀하셨다.
"속이지 말고 뜻에 거스르더라도 바른 말을 하라."

子路問事君, 子曰: "勿欺也, 而犯之."
자 로 문 사 군 자 왈   물 기 야   이 범 지

군자는 위로 통달하고
소인은 아래로 통달한다 🐼

공자께서 말씀하셨다.
"군자는 날마다 위로 통달하고,
소인은 날마다 아래로 통달한다."

子曰: "君子上達, 小人下達."
자 왈　군 자 상 달　소 인 하 달

해설

　군자는 인의에 밝고 소인은 이익에 밝다는 뜻입니다. 다시 말해 군자는
진리, 도덕을 향하여 나아가고 소인은 재물, 이득을 추구해 나아가니, 군
자는 하늘의 뜻을 따르고 소인은 인간의 욕망을 따른다는 의미입니다.

공부의 이유 🐼

공자께서 말씀하셨다.
"옛날에 공부하던 이들은 자기 수양을 위해 하였고,
오늘날 공부하는 이들은 남에게 인정받기 위해 한다."

子曰: "古之學者爲己, 今之學者爲人"
자 왈   고 지 학 자 위 기 금 지 학 자 위 인

자신의 위치에 충실하라 🐼

공자께서 말씀하셨다.
"그 자리에 있지 않으면 주제넘게 그 정사에 손대지 않는다."
증자가 말하였다.
"군자는 자신의 위치를 벗어나는 일을 생각하지 않는다."

子曰: "不在其位, 不謀其政." 曾子曰: "君子思不出其位."
자 왈   부 재 기 위 불 모 기 정   증 자 왈   군 자 사 불 출 기 위

말이 행동을 넘어서지 말라 🐼

공자께서 말씀하셨다.
"군자는 말이 행동을 넘어서는 것을 부끄럽게 여긴다."

子曰: "君子恥其言而過其行."
자 왈   군 자 치 기 언 이 과 기 행

남을 평할 시간이 있으면 🐼

자공이 다른 사람을 비판하자 공자께서 말씀하셨다.
"사(자공)는 현명한가 보구나!
도대체 나는 그렇게 할 겨를이 없다."

子貢方人, 子曰: "賜也賢乎哉! 夫我則不暇."
자 공 방 인   자 왈   사 야 현 호 재   부 아 즉 불 가

 해설

자공은 머리가 총명하고 말솜씨가 좋았지만 사람들의 장단점을 비교하거나 비판하는 단점이 있었습니다. 이에 공자는 이런 자공의 태도를 지적한 것입니다.

명마를 결정하는 것 🐼

공자께서 말씀하셨다.
"명마는 힘으로 일컫는 것이 아니라,
조련이 잘되어 있어 그렇게 부르는 것이다."

子曰: "驥不稱其力, 稱其德也."
자 왈   기 불 칭 기 력   칭 기 덕 야

원한은 정의로, 은덕은 은덕으로 🐼

어떤 사람이 물었다.
"원한을 은덕으로 갚는 것은 어떻습니까?"
공자께서 말씀하셨다.
"그러면 은덕은 무엇으로 갚겠는가?
원한은 정의로써 갚고, 은덕은 은덕으로 갚는 것이다."

或曰: "以德報怨, 何如?" 子曰: "何以報德?
혹 왈   이 덕 보 원 하 여   자 왈   하 이 보 덕

以直報怨, 以德報德."
이 직 보 원   이 덕 보 덕

나를 알아주는 건 하늘뿐 🐼

공자께서 말씀하셨다.
"하늘을 원망하지 않고 사람을 탓하지 않으며,
하찮은 것부터 배워서 심오한 이치에까지 도달하였으니,
나를 알아주는 것은 저 하늘뿐이구나!"

子曰: "不怨天, 不尤人; 下學而上達. 知我者其天乎!"
자 왈　불 원 천　불 우 인　하 학 이 상 달　지 아 자 기 천 호

 해설

　　춘추의 난세에 태어난 공자는 세상을 바로잡고, 백성을 구제하고자 큰
뜻을 품었으나 자신의 정치적 이념을 펼쳐 볼 기회를 얻지 못했습니다.
이에 공자는 자신을 알아주는 사람이 없음을 탄식하며, 아래로는 인간의
사리를 배우고 위로는 하늘의 도리에 통한 '하학이상달下學而上達'한 경지
를 하늘이 알아주리라고 스스로를 달래고 있습니다.

현명한 사람은 스스로 피한다 🐼

공자께서 말씀하셨다.
"현명한 사람은
도가 행해지지 않는 어지러운 세상을 피하고,
그다음은 무도한 나라를 피하고,
그다음은 무례한 사람을 피하고,
그다음은 그릇된 말을 피한다."

子曰: "賢者辟世, 其次辟地, 其次辟色, 其次辟言."
자 왈   현 자 피 세   기 차 피 지   기 차 피 색   기 차 피 언

예로 다스리면 백성은 저절로 따른다 🐼

공자께서 말씀하셨다.
"윗사람이 예를 좋아하면
백성들을 부리기가 쉽다."

子曰: "上好禮, 則民易使也."
자 왈   상 호 례   즉 민 이 사 야

요순 임금도 어려워한 것 🐼

자로가 군자에 대하여 묻자, 공자께서 말씀하셨다.

"자기를 수양하고 경건해야 한다."

"그렇게만 하면 됩니까?"

"자기를 수양하고 다른 사람들을 편안하게 해주어야 한다."

"그렇게만 하면 됩니까?"

"자기를 수양하여 백성들을 편안하게 해주어야 한다. 자기를 수양하고 백성들을 편안하게 해주는 것은 요임금과 순임금도 실현하기 어려워한 것이다."

子路問君子, 子曰: "修己以敬." 曰: "如斯而已乎?"
자 로 문 군 자   자 왈   수 기 이 경   왈   여 사 이 이 호

曰: "修己以安人." 曰: "如斯而已乎?" 曰: "修己以安百姓.
왈   수 기 이 안 인   왈   여 사 이 이 호   왈   수 기 이 안 백 성

修己以安百姓, 堯舜其猶病諸."
수 기 이 안 백 성   요 순 기 유 병 저

위령공 衛靈公
바른 길을 따를 뿐
고집하지 않는다

이 편은 공자가 겪은 일들을 통해
갈수록 쇠퇴하는 세상을 한탄하는 구절이 많습니다.
그런 가운데서도 자신의 몸을 닦고
올바른 처세의 길과 바른 길을 논한 글들도 섞여 있습니다.

**빅데이터 시대에 10대가 꼭 알아야 할
논어**

옳지 않은 길 🐼

위나라 영공이 공자께 군대의 진법에 대해 묻자 공자께서 대답하셨다.

"제사에 관한 일은 일찍이 들어 본 적이 있지만 군대에 관한 일은 아직 배운 바가 없습니다." 하고 이튿날 위나라를 떠나셨다.

衛靈公問陳於孔子, 孔子對曰: "俎豆之事, 則嘗聞之矣;
위 령 공 문 진 어 공 자   공 자 대 왈   조 두 지 사   즉 상 문 지 의
軍旅之事, 未之學也." 明日遂行.
군 려 지 사   미 지 학 야   명 일 수 행

🖊️**해설**

영공이 군대를 운용하는 법에 대해 묻자 공자는 그가 다른 나라를 침략하는 것에만 관심이 있음을 알고 이와 같이 대답하고는 바로 위나라를 떠났습니다. 자신은 오직 인과 도덕에만 관심이 있을 뿐 전쟁은 싫어한다는 뜻을 전한 것입니다.

군자는 곤궁함 앞에서도 의연하다 🐼

공자께서 말씀하셨다.
"군자는 곤궁에 처해도 의연하기 마련이나
소인은 곤궁하면 옳지 못한 짓을 하게 된다."

子曰: "君子固窮, 小人窮斯濫矣."
자 왈   군 자 고 궁   소 인 궁 사 람 의

덕을 아는 이가 없구나 🐼

공자께서 말씀하셨다.
"유(자로)야, 덕을 아는 사람이 드물구나!"

子曰: "由, 知德者鮮矣!"
자 왈   유 지 덕 자 선 의

하나로 꿰뚫는 이치 🐼

공자께서 말씀하셨다.

"사(자공)야, 너는 내가 많이 배워서 그것들을 기억하는 사람이라고 생각하느냐?"

자공이 대답하였다.

"그렇습니다. 그런 것이 아닙니까?"

"아니다. 나는 오직 하나의 이치로 모든 것을 꿰뚫는 것이다."

子曰: "賜也, 女以予爲多學而識之者與?" 對曰: "然, 非與?"
자 왈   사 야 여 이 여 위 다 학 이 식 지 자 여   대 왈   연 비 여

曰: "非也, 予一以貫之."
왈   비 야 여 일 이 관 지

해설

공자는 자기가 단순히 많은 지식을 배우고 외우는 데 그치지 않고, 일관성 있게 체계화했다고 말하고 있습니다. 하나를 알면 세상사 모든 것을 안다는 뜻입니다. 즉 깨우침이 있어야 한다는 뜻으로, 근본을 깨달으면 그 근본에 연결해 만물을 알 수 있습니다.

무위로 천하를 다스린 사람 🐼

공자께서 말씀하셨다.
"스스로 애쓰지 않고도
천하를 태평하게 다스린 사람은 순임금이었다!
그는 어떻게 하였는가?
자기의 몸가짐을 공손히 하고
바르게 임금의 자리를 지키고 있었을 뿐이다."

子曰: "無爲而治者, 其舜也與! 夫何爲哉? 恭己正南面而已矣."
자왈   무위이치자 기순야여 부하위재 공기정남면이이의

말은 진실되게, 행동은 미덥게 🐼

자장이 어디에서나 통할 수 있는 행실에 대해서 묻자,
공자께서 말씀하셨다.
"말이 진실되고 믿음직하며,
행동이 독실하고 공경스러우면
오랑캐의 나라에서도 통할 수 있을 것이다.
말이 믿음직스럽지 못하며,
행동에 독실함과 공손함이 없다면
고향에서라도 통할 수 있겠느냐?"

子張問行, 子曰: "言忠信, 行篤敬, 雖蠻貊之邦行矣. 言不忠信,
자 장 문 행 자 왈   언 충 신   행 독 경   수 만 맥 지 방 행 의   언 불 충 신
行不篤敬, 雖州里行乎哉?"
행 부 독 경   수 주 리 행 호 재

화살처럼 곧은 마음 🐼

공자께서 말씀하셨다.

"강직하구나, 사어여!

나라에 도가 행해질 때도 화살처럼 곧았고,

나라에 도가 행해지지 않을 때도 화살처럼 곧았다.

군자로다, 거백옥이여!

나라에 도가 행해지면 나아가 벼슬을 하고,

나라에 도가 행해지지 않으면 물러나 숨는구나!"

子曰: "直哉史魚! 邦有道, 如矢; 邦無道, 如矢. 君子哉蘧伯玉!
자왈   직재사어   방유도 여시 방무도   여시   군자재거백옥

邦有道則仕, 邦無道則可卷而懷之."
방유도즉사   방무도즉가권이회지

사람을 잃지 않고
말도 낭비하지 않는다 🐼

공자께서 말씀하셨다.

"더불어 말할 만한 사람과 더불어 말을 하지 않으면

사람을 잃는 것이고,

더불어 말하지 않아야 하는데

더불어 말하면 말을 낭비하는 것이다.

지혜로운 자는 사람을 잃지 않고 말도 낭비하지 않는다."

子曰: "可與言而不與之言, 失人; 不可與言而與之言, 失言. 知者,
자 왈   가 여 언 이 불 여 지 언   실 인   불 가 여 언 이 여 지 언   실 언   지 자

不失人, 亦不失言."
불 실 인   역 불 실 언

살신성인하라 🐼

공자께서 말씀하셨다.
"뜻 있는 선비와 어진 사람은
살기 위해 인을 해치지 않으며,
자신의 목숨을 바쳐서 인을 이룬다."

子曰: "志士仁人, 無求生以害仁, 有殺身以成仁."
자 왈   지 사 인 인 무 구 생 이 해 인 유 살 신 이 성 인

어진 이를 곁에 두라 🐼

자공이 인을 행하는 방도를 묻자, 공자께서 말씀하셨다.
"장인이 일을 잘하려면 반드시 연장을 잘 갖추어야 하듯,
나랏일을 잘하려면 대부 중 어진 사람을 섬기고,
선비 가운데 어진 사람을 사귀어야 할 것이다."

子貢問爲仁, 子曰: "工欲善其事, 必先利其器. 居是邦也,
자 공 문 위 인 자 왈   공 욕 선 기 사 필 선 리 기 기 거 시 방 야
事其大夫之賢者, 友其士之仁者."
사 기 대 부 지 현 자 우 기 사 지 인 자

멀리 생각하지 않으면
가까이에 근심이 생긴다 🐼

공자께서 말씀하셨다.

"사람이 멀리 내다보며 깊이 생각하지 않으면
반드시 가까운 곳에 근심이 생기게 된다."

子曰: "人無遠慮, 必有近憂."
자 왈　인 무 원 려　필 유 근 우

자신에겐 엄격하게
남에게는 관대하게 🐼

공자께서 말씀하셨다.

"자신에 대해서는 스스로 엄중하게 책임을 추궁하고
다른 사람에 대해서는 가볍게 책임을 추궁하면
원망을 멀리할 수 있다."

子曰: "躬自厚而薄責於人, 則遠怨矣."
자 왈　궁 자 후 이 박 책 어 인　즉 원 원 의

잡담하기보다 의로운 일을 논하라 🐼

공자께서 말씀하셨다.
"여럿이 하루 종일 모여 있으면서
의로운 일을 말하지 않고,
잔꾀나 부리려 한다면 곤란하다!"

子曰: "群居終日, 言不及義, 好行小慧, 難矣哉!"
자 왈   군 거 종 일 언 불 급 의 호 행 소 혜 난 의 재

해설

하루 종일 쓸데없는 잡담으로 시간을 보내고, 사람과 사회를 위한 이야기를 하지 않는다면 세월을 낭비하는 것입니다. 주변에 이런 무리밖에 없다는 것이 얼마나 한심한 일인지 지적하는 동시에 제자들이 학문에 전념하지 않고 모여서 떠들고 있음을 질책하고 있습니다.

의를 바탕으로 예로 행한다 🐼

공자께서 말씀하셨다.
"군자는 의로움을 바탕으로 삼고 예로써 행하며,
겸손한 몸가짐으로 드러내고 신의로써 완성하니,
이것이 군자로다!"

子曰: "君子義以爲質, 禮以行之, 孫以出之, 信以成之. 君子哉!"
자 왈   군 자 의 이 위 질   예 이 행 지   손 이 출 지   신 이 성 지   군 자 재

남이 알아주지 않아도 걱정하지 않는다 🐼

공자께서 말씀하셨다.
"군자는 자신의 능력 없음을 걱정할 뿐,
다른 사람이 자기를 알아주지 않아도 걱정하지 않는다."

子曰: "君子病無能焉, 不病人之不己知也."
자 왈   군 자 병 무 능 언   불 병 인 지 불 기 지 야

군자의 근심 🐼

공자께서 말씀하셨다.
"군자는 세상을 떠난 후에
이름이 일컬어지지 않는 것을 싫어한다."

子曰: "君子疾沒世而名不稱焉."
자 왈   군 자 질 몰 세 이 명 불 칭 언

해설

군자는 이름을 알리기 위해 학문을 하는 것은 아니나 학문이 완성되면 자연스럽게 세상에 이름이 알려집니다. 이름이 알려지지 않는 것은 생전에 좋은 일을 많이 하지 않았거나 학문을 완성하지 못했기 때문이므로 이를 경계해야 합니다.

남을 탓하기보다 스스로를 돌아보라 🐼

공자께서 말씀하셨다.
"군자는 자기 자신에게서 잘못을 찾고
소인은 남에게서 잘못을 찾는다."

子曰: "君子求諸己, 小人求諸人."
자 왈   군 자 구 저 기   소 인 구 저 인

두루 어울리되 편 가르지 않는다 🐼

공자께서 말씀하셨다.
"군자는 긍지를 가지되 다투지 않으며,
여럿이 함께 어울리지만 당파를 만들지 않는다."

子曰: "君子矜而不爭, 群而不黨."
자 왈   군 자 긍 이 부 쟁   군 이 부 당

말만 가지고 사람을 판단하지도, 사람 때문에 말을 버리지도 않는다 🐼

공자께서 말씀하셨다.

"군자는 말만 듣고 사람을 천거하지 않으며,

그 사람의 외양만 보고 그의 좋은 말까지 버리지 않는다."

子曰: "君子不以言擧人, 不以人廢言."
자 왈   군 자 불 이 언 거 인   불 이 인 폐 언

내가 싫으면 남도 싫은 법 🐼

자공이 물었다.

"평생토록 지켜 나갈 만한 한마디 말이 있습니까?"

공자께서 말씀하셨다.

"그것은 바로 서恕일 것이다!

자기가 원하지 않는 바를 남에게 하라고 하지 않는 것이다."

子貢問曰: "有一言而可以終身行之者乎?" 子曰: "其恕乎!
자 공 문 왈   유 일 언 이 가 이 종 신 행 지 자 호   자 왈   기 서 호
己所不欲, 勿施於人."
기 소 불 욕   물 시 어 인

작은 일을 참지 못하면 🐼

공자께서 말씀하셨다.
"교묘한 말은 덕을 어지럽히고,
작은 일을 참지 못하면 큰일을 그르친다."

子曰: "巧言亂德, 小不忍則亂大謀."
자 왈　　교 언 란 덕　소 불 인 즉 란 대 모

여러 사람이 미워해도 살피고
여러 사람이 좋아해도 살펴라 🐼

공자께서 말씀하셨다.
"모두가 그를 미워하더라도 반드시 잘 살펴보아야 하고,
여러 사람들이 그를 좋아하더라도 반드시 잘 살펴보아야 한다."

子曰: "衆惡之, 必察焉; 衆好之, 必察焉."
자 왈　　중 오 지　필 찰 언　중 호 지　필 찰 언

사람이 도를 넓힌다 🐼

공자께서 말씀하셨다.
"사람이 도를 넓히는 것이지,
도가 사람을 넓히는 것이 아니다."

子曰: "人能弘道, 非道弘人."
자 왈   인 능 홍 도   비 도 홍 인

허물을 고치지 않는 것이 진짜 잘못 🐼

공자께서 말씀하셨다.
"잘못을 저지르고도 고치지 않는 것,
이것이 바로 잘못이다."

子曰: "過而不改, 是謂過矣."
자 왈   과 이 불 개   시 위 과 의

사색과 배움 🐼

공자께서 말씀하셨다.
"나는 일찍이 하루 종일 먹지도 않고,
밤새도록 자지도 않으면서 사색을 해보았지만,
유익함이 없었고 배우는 것만 못했다."

子曰:"吾嘗終日不食, 終夜不寢以思, 無益, 不如學也."
자 왈   오 상 종 일 불 식   종 야 불 침 이 사   무 익   불 여 학 야

 해설

공자는 배우기만 하고 생각하지 않으면 어리석게 되고, 생각하기만 하고 배우지 않으면 위험하다고 생각했습니다. 생각과 배움의 균형을 중요하게 여겼습니다.

도를 걱정하지 가난을 걱정하지 않는다 🐼

공자께서 말씀하셨다.

"군자는 도를 도모할 뿐 먹을 것을 도모하지 않는다.

농사를 지어도 굶주림을 걱정하지만,

학문을 하면 벼슬길에 나아가 녹을 얻을 수 있다.

그러므로 군자는 도를 걱정하지 가난을 걱정하지 않는다."

子曰: "君子謀道不謀食. 耕也, 餒在其中矣; 學也, 祿在其中矣.
자 왈   군 자 모 도 불 모 식   경 야   뇌 재 기 중 의   학 야   녹 재 기 중 의
君子憂道不憂貧."
군 자 우 도 불 우 빈

해설

군자의 목적은 먹을 것이 아니라 도의 실현입니다. 농부는 농사를 지으면서도 흉년으로 굶주림을 걱정해야 하지만 군자는 도를 추구하면 관직에 나아가 큰 뜻을 펼칠 수 있습니다. 눈앞의 결과에 연연하지 말고 멀리 내다보고 도를 추구하라는 말입니다.

지혜로 얻고 인으로 지키며 예로 대하라 🐼

공자께서 말씀하셨다.

"지혜로 나라를 얻었다 해도

인덕으로 지키지 않으면 반드시 잃고 말 것이다.

지혜로 나라를 얻고 인덕으로 지켜 낸다 할지라도

엄숙한 자세로 임하지 않으면

백성들이 존경하지 않을 것이다.

지혜로써 얻고 인으로써 그것을 지키며

엄숙한 자세로 임하더라도

백성들을 예로써 대하지 않는다면

잘된 것이라 할 수 없다."

子曰: "知及之, 仁不能守之, 雖得之, 必失之. 知及之, 仁能守之,
자 왈   지 급 지 인 불 능 수 지 수 득 지 필 실 지 지 급 지 인 능 수 지

不莊以涖之, 則民不敬. 知及之, 仁能守之, 莊以涖之, 動之不以禮,
부 장 이 리 지 즉 민 불 경 지 급 지 인 능 수 지 장 이 리 지 동 지 불 이 례

未善也."
미 선 야

군자와 소인의 차이 5 🐼

공자께서 말씀하셨다.
"군자는 작은 일은 잘 못해도 큰일은 맡아 할 수 있고,
소인은 큰일은 감당하지 못해도 작은 일은 잘할 수 있다."

子曰: "君子不可小知而可大受也; 小人不可大受而可小知也."
자 왈   군 자 불 가 소 지 이 가 대 수 야 소 인 불 가 대 수 이 가 소 지 야

인을 행함에는 양보가 없다 🐼

공자께서 말씀하셨다.
"인을 행함에 있어서는 스승에게도 양보하지 않는다."

子曰: "當仁, 不讓於師."
자 왈   당 인 불 양 어 사

인을 따르다 죽는 사람은 없다 🐼

공자께서 말씀하셨다.

"백성들에게 인은 물과 불보다 더 중요하다.

나는 물에 빠지거나 불에 휩싸여 죽는 사람은 보았지만,

인을 따르다가 죽는 사람은 보지 못하였다."

子曰: "民之於仁也, 甚於水火. 水火吾見蹈而死者矣,
자 왈   민 지 어 인 야   심 어 수 화   수 화 오 견 도 이 사 자 의

未見蹈仁而死者也."
미 견 도 인 이 사 자 야

해설

　물과 불은 사람의 일상생활에 필수적인 요소입니다. 인을 저버린다면 사람 구실을 할 수 없기 때문에 인은 물과 불보다 더 중요합니다. 이러한 인도仁道의 구현을 위해 헌신하는 사람이 없는 현실을 공자가 개탄하고 있습니다.

바른 길을 따를 뿐 고집하지 않는다 🐼

공자께서 말씀하셨다.
"군자는 바른 길을 따를 뿐, 신념을 고집하지는 않는다."

子曰: "君子貞而不諒."
자 왈   군 자 정 이 불 량

해설

군자는 절조가 굳지만 시비곡직을 가리지 않으며 집착하지 않습니다. 늘 도리에 맞는 것을 가려서 행합니다.

가르침에는 구별이 없다 🐼

공자께서 말씀하셨다.
"나는 가르침에 있어서는 차별을 두지 않는다."

子曰: "有敎無類."
자 왈   유 교 무 류

뜻이 다르면 함께 도모하지 말라

공자께서 말씀하셨다.
"추구하는 도가 같지 않으면
함께 일을 도모하지 않는다."

子曰: "道不同, 不相爲謀."
자 왈　　도 부 동　불 상 위 모

뜻이 전달되면 그것으로 족하다

공자께서 말씀하셨다.
"말이란 그 뜻을 올바르게 전달하면 된다."

子曰: "辭, 達而已矣."
자 왈　　사　달 이 이 의

해설

　말과 문장은 그 뜻을 제대로 전달하면 됩니다. 지나치게 꾸밈에 치중하다가는 도리어 뜻을 왜곡할 수도 있다는 의미입니다.

제 **16** 편

계씨 季氏
천하에
도가 행해지면

이 편은 전쟁을 일삼는 노나라의 실권자 계씨가
무력으로 전유를 침략하려 했을 때
이를 말리지 못한 제자 염유를 꾸짖은 내용이 실려 있습니다.
더불어 군자가 지키고 삼가야 할 계율들도 담겨 있습니다.

빅데이터 시대에 10대가 꼭 알아야 할
논어

도리를 지켜라 🐼

계씨가 전유를 정벌하려 할 때, 염유와 계로가 공자에게 말했다.
"계씨가 장차 전유를 정벌하고자 합니다."
공자께서 말씀하셨다.
"구(염유)야, 너의 잘못 아니냐?
원래 전유는 옛날 선왕이 동몽산 제주로 삼은 나라이며,
그 땅 역시 노나라에 있다.
노나라 사직의 신하인데 왜 정벌하려고 하느냐?"

季氏將伐顓臾. 冉有季路見於孔子曰: "季氏將有事於顓臾."
계 씨 장 벌 전 유   염 유 계 로 현 어 공 자 왈   계 씨 장 유 사 어 전 유
孔子曰: "求, 無乃爾是過與? 夫顓臾, 昔者先王以爲東蒙主,
공 자 왈   구 무 내 이 시 과 여   부 전 유 석 자 선 왕 이 위 동 몽 주
且在邦域之中矣, 是社稷之臣也. 何以伐爲?"
차 재 방 역 지 중 의 시 사 직 지 신 야 하 이 벌 위

🎣 해설

　계씨(계강자)가 다른 나라(전유)를 공격할 때, 계씨의 가신 염유와 계로
는 이 문제를 공자에게 보고했습니다. 이에 공자는 계씨가 다른 나라를
침공하는 일은 부당한 일이라고 두 사람을 타일렀습니다.

군주의 잘못은 곧 신하의 잘못 🐼

염유가 말했다.

"계씨가 그렇게 하려는 것이지, 저희들은 원하지 않습니다."

공자께서 말씀하셨다.

"구(염유)야, 과거에 주임周任이 말하길 '힘을 다해 벼슬자리를 얻되 능력이 없으면 물러난다'고 했다. 위태로운데도 도와주지 않고, 넘어지는데도 붙잡아 주지 않는 신하가 왜 필요하겠느냐?

더구나 네 말은 잘못되었다. 호랑이나 외뿔소가 우리에서 뛰쳐나오고, 거북껍질과 보옥이 궤 속에서 깨졌다면 이는 누구의 잘못이겠느냐?"

冉有曰: "夫子欲之, 吾二臣者皆不欲也." 孔子曰:
염유왈 부자욕지 오이신자개불욕야   공자왈

"求, 周任有言曰: '陳力就列, 不能者止.' 危而不持, 顚而不扶,
 구 주임유언왈   진력취렬 불능자지   위이부지 전이불부

則將焉用彼相矣? 且爾言過矣. 虎兕出於柙, 龜玉毁於櫝中,
즉장언용피상의   차이언과의   호시출어합 귀옥훼어독중

是誰之過與?"
시수지과여

위정자가 걱정해야 할 것 🐼

공자께서 말씀하셨다.

"내가 들은 바에 의하면 '나라를 다스리는 사람은 백성이나 토지가 적은 것을 걱정하지 않고, 혜택이나 분배가 고르게 되지 않는 것을 걱정하며, 가난한 것을 걱정하지 않고, 평안하지 못한 것을 걱정한다'라고 했다.

대체로 분배가 고르면 가난하지 않고, 화목하면 백성이 적어지는 일이 없을 것이고, 평안하면 나라가 기울어지지 않을 것이다."

子曰: "丘也聞有國有家者, 不患寡而患不均, 不患貧而患不安.
자 왈   구 야 문 유 국 유 가 자 불 환 과 이 환 불 균   불 환 빈 이 환 불 안
蓋均無貧, 和無寡, 安無傾."
개 균 무 빈, 화 무 과, 안 무 경

천하에 도가 있으면 🐼

공자께서 말씀하셨다.

"천하에 도가 행해지면 예악과 정벌이 천자로부터 나오고, 천하에 도가 행해지지 않으면 예악과 정벌이 제후로부터 나오게 된다.

제후로부터 예악과 정벌이 나오면 대체로 십 대 안에 정권을 잃지 않는 일이 드물고, 대부로부터 나오면 오 대 안에 정권을 잃지 않는 일이 드물며, 가신이 나라의 대권을 잡으면 삼 대 안에 정권을 잃지 않는 일이 드물다.

천하에 도가 행해지면 정권이 대부에게 있을 리 없고, 천하에 도가 행해지면 백성들이 정치를 논하지 않는다."

孔子曰: "天下有道, 則禮樂征伐自天子出; 天下無道,
공 자 왈   천 하 유 도 즉 례 악 정 벌 자 천 자 출 천 하 무 도

則禮樂征伐自諸侯出. 自諸侯出, 蓋十世希不失矣; 自大夫出,
즉 례 악 정 벌 자 제 후 출 자 제 후 출 개 십 세 희 불 실 의 자 대 부 출

五世希不失矣; 陪臣執國命, 三世希不失矣.
오 세 희 불 실 의 배 신 집 국 명 삼 세 희 불 실 의

天下有道, 則政不在大夫; 天下有道, 則庶人不議."
천 하 유 도 즉 정 부 재 대 부 천 하 유 도 즉 서 인 불 의

🔖**해설**

천하에 정도가 있으면 천자가 백성의 뜻을 실현하고 제후가 천자의 뜻을 따르며, 대부는 대부의 뜻을 따르고 가신은 대부의 뜻을 따릅니다. 다시 말해 정치가 가신의 손에 넘어가면 나라를 유지하기 힘들 것이라는 말입니다.

노나라가 망한 이유 🐼

공자께서 말씀하셨다.

"녹을 주는 권한이 노나라의 조정을 떠난 지가 오 대가 되었고,

정권이 대부의 손에 들어간 지가 사 대나 되었다.

그러므로 삼환의 자손들의 세력도 쇠약해지는 것이다."

孔子曰: "祿之去公室五世矣, 政逮於大夫四世矣.
공 자 왈   녹 지 거 공 실 오 세 의   정 체 어 대 부 사 세 의

故夫三桓之子孫微矣."
고 부 삼 환 지 자 손 미 의

이로운 벗, 해로운 벗 🐼

공자께서 말씀하셨다.

"유익한 벗이 셋이 있고, 해로운 벗이 셋이 있다.

마음이 곧은 이와 성실한 이와

견문이 많은 이와 벗하면 유익하다.

편벽한 이와 아부하는 이와

말을 잘 둘러대는 이와 사귀면 해롭다."

孔子曰: "益者三友, 損者三友. 友直, 友諒, 友多聞, 益矣; 友便辟,
공 자 왈   익 자 삼 우   손 자 삼 우   우 직   우 량   우 다 문   익 의   우 편 벽

友善柔, 友便佞, 損矣."
우 선 유   우 편 녕   손 의

이로운 즐거움, 해로운 즐거움 🐼

공자께서 말씀하셨다.

"유익한 즐거움이 셋이 있고, 해로운 즐거움이 셋이 있다.

예악의 절도를 따르기를 즐거워하고,

남의 착한 일을 말하기를 즐거워하며,

현명한 벗을 많이 사귀기를 즐거워하면 유익하다.

교만한 쾌락에 빠지기를 즐거워하고,

하는 일 없이 노는 것만 즐거워하며,

주색의 쾌락을 즐거워하면 해로울 뿐이다."

孔子曰: "益者三樂, 損者三樂. 樂節禮樂, 樂道人之善, 樂多賢友,
공 자 왈   익 자 삼 요   손 자 삼 요   요 절 례 악   요 도 인 지 선   요 다 현 우

益矣; 樂驕樂, 樂佚遊, 樂宴樂, 損矣."
익 의   요 교 락   요 일 유   요 연 락   손 의

군주를 모시는 사람의 세 가지 허물 🐼

공자께서 말씀하셨다.

"군주를 섬기는 데 저지르기 쉬운 세 가지 잘못이 있다.

군주가 말을 하지 않았는데

먼저 말하는 것은 조급한 짓이고,

말할 차례가 되었는데도

말하지 않는 것은 속을 감추는 짓이며,

군주의 안색을 살피지도 않고

성급하게 말하는 것은 눈치가 없는 짓이다."

孔子曰: "侍於君子有三愆. 言未及之而言謂之躁,
공 자 왈   시 어 군 자 유 삼 건   언 미 급 지 이 언 위 지 조
言及之而不言謂之隱, 未見顔色而言謂之瞽."
언 급 지 이 불 언 위 지 은 미 견 안 색 이 언 위 지 고

경계해야 할 세 가지 🐼

공자께서 말씀하셨다.

"군자에게는 세 가지 경계해야 할 일이 있다.

젊을 때는 혈기가 아직 안정되지 않으므로

정욕을 경계해야 하고,

장년이 되어서는 혈기가 한창 왕성하니

싸움을 경계해야 하고,

늙어서는 혈기가 이미 쇠잔해졌으니

탐욕을 경계해야 한다."

孔子曰: "君子有三戒. 少之時, 血氣未定, 戒之在色. 及其壯也,
공자왈   군자유삼계 소지시 혈기미정 계지재색 급기장야

血氣方剛, 戒之在鬪. 及其老也, 血氣旣衰, 戒之在得."
혈기방강 계지재투 급기로야 혈기기쇠 계지재득

 해설

공자는 평생 동안 경계해야 할 세 가지 덕목을 말했는데, 이것을 '삼계
三戒'라고 합니다.

두려워해야 할 세 가지 🐼

공자께서 말씀하셨다.
"군자에게는 세 가지 두려워해야 할 일이 있다.
천명을 두려워해야 하고,
큰 인물을 두려워해야 하며,
성인의 말씀을 두려워해야 한다.
소인은 천명을 알지 못하므로 두려워하지 않고,
큰 인물을 예사로 알고 존경치 않으며,
성인의 말씀을 업신여긴다."

孔子曰: "君子有三畏. 畏天命, 畏大人, 畏聖人之言.
공 자 왈   군 자 유 삼 외   외 천 명   외 대 인   외 성 인 지 언
小人不知天命而不畏也, 狎大人, 侮聖人之言."
소 인 부 지 천 명 이 불 외 야   압 대 인   모 성 인 지 언

스스로 아는 사람이 으뜸 🐼

공자께서 말씀하셨다.

"태어나면서부터 스스로 아는 사람이 으뜸이고,

배워서 아는 사람이 그다음이며,

곤궁한 뒤에 배우는 사람이 그다음이다.

곤궁해도 배우지 않는 사람이 가장 못났다."

孔子曰: "生而知之者上也, 學而知之者次也,
공 자 왈   생 이 지 지 자 상 야   학 이 지 지 자 차 야
困而學之又其次也. 困而不學, 民斯爲下矣."
곤 이 학 지 우 기 차 야   곤 이 불 학   민 사 위 하 의

마음에 새겨야 할 아홉 가지 🐼

공자께서 말씀하셨다.

"군자가 마음에 새겨 두어야 할 아홉 가지가 있다.

사물을 볼 때는 명확하게 보고,

들을 때는 분명히,

얼굴빛은 온화하게 하며,

태도는 공손하게,

말할 때는 진중하게,

일을 할 때는 신중하게,

의심이 날 때는 질문을 주저하지 말아야 하며,

화가 날 때는 후환을 염두에 두고,

이익을 보게 되면 정당한 것인지 생각해야 한다."

孔子曰: "君子有九思. 視思明, 聽思聰, 色思溫, 貌思恭, 言思忠,
공 자 왈   군 자 유 구 사   시 사 명   청 사 총   색 사 온   모 사 공   언 사 충
事思敬, 疑思問, 忿思難, 見得思義."
사 사 경   의 사 문   분 사 난   견 득 사 의

선함은 미치지 못할 것처럼,
악함은 끓는 물을 만지는 것처럼 🐼

공자께서 말씀하셨다.

"선한 일을 보면

마치 거기에 미치지 않아 안타까운 듯 간절하게 추구하고,

선하지 않은 일을 보면

끓는 물에 손을 넣은 듯 재빨리 피해야 한다고 했다.

나는 그런 사람을 보았고 그런 말도 들었다.

숨어 살면서도 자신이 뜻하는 바를 추구하고,

의로움을 실천함으로써

자신의 도를 달성해야 한다고 했다.

나는 그런 말은 들었지만

아직 그렇게 실천하는 사람은 보지 못하였다."

孔子曰: "見善如不及, 見不善如探湯. 吾見其人矣, 吾聞其語矣.
공자왈   견선여불급 견불선여탐탕 오견기인의 오문기어의
隱居以求其志, 行義以達其道. 吾聞其語矣, 未見其人也."
은거이구기지 행의이달기도 오문기어의 미견기인야

제**17**편

양화陽貨

때를 기다려라

이 편은 도를 잃어 가는 세상에서
사람들이 도덕적으로 점점 타락해 간다는 내용이 담겨 있습니다.
자신의 반역을 정당화하기 위해
공자를 끌어들이려는 양화陽貨의 회유와
그것을 의연하게 물리치는 공자의 답변도 볼 수 있습니다.

**빅데이터 시대에 10대가 꼭 알아야 할
논어**

피하려 했으나 양화를 만나다

양화가 공자를 만나기를 청했으나
공자께서 만나려 하지 않자
양화는 공자께 돼지를 선물로 보냈다.
공자께서는 양화가 없는 틈을 타서 답례하러 갔는데
공교롭게도 길에서 마주쳤다.

陽貨欲見孔子, 孔子不見, 歸孔子豚. 孔子時其亡也, 而往拜之,
양 화 욕 견 공 자   공 자 불 견   귀 공 자 돈   공 자 시 기 무 야   이 왕 배 지
遇諸塗.
우 저 도

해설

　양화陽貨는 노나라의 실권자로 권력의 절정에 있었던 사람입니다. 그는
노나라의 정권을 찬탈하려다 끝내 뜻을 이루지 못하고 진나라로 도망쳤
습니다. 공자는 양화를 만나기는 싫었지만 선물을 받고도 답례하지 않을
순 없어 일부러 그가 없는 틈을 타서 인사를 간 것입니다.

지금은 때가 아니다

양화가 공자께 말했다.

"이리 오시오. 당신에게 하고 싶은 말이 있소. 자신의 재능을 품에 감추고 나라가 어지러울 때 가만히 있으면 어질다고 할 수 있겠소?"

"할 수 없습니다."

"정치에 종사하기를 좋아하면서 기회를 놓치는 것을 지혜롭다고 할 수 있겠소?"

"할 수 없습니다."

"날이 가고 달이 가는 것처럼 세월은 사람을 기다려 주지 않는다오."

공자께서 말씀하셨다.

"네, 나도 장차 벼슬을 할 것입니다."

謂孔子曰: "來. 予與爾言." 曰: "懷其寶而迷其邦, 可謂仁乎?"
위 공 자 왈   내 여 여 이 언   왈   회 기 보 이 미 기 방   가 위 인 호

曰: "不可." "好從事而亟失時, 可謂知乎?" 曰: "不可."
왈   불 가   호 종 사 이 기 실 시   가 위 지 호   왈   불 가

"日月逝矣, 歲不我與." 孔子曰: "諾. 吾將仕矣."
일 월 서 의   세 불 아 여   공 자 왈   낙 오 장 사 의

해설

공자는 양화와의 논쟁을 피하고자 했습니다. 벼슬을 한다는 것도 장차 적당한 때가 되면 하겠다는 뜻이지, 양화 아래에서 하겠다는 뜻이 아닙니다. 공자는 원래 벼슬 자체를 거부한 사람은 아니지만 양화 아래에서 벼슬을 한 적은 없었습니다.

배우고 익히면 달라진다 🔊

공자께서 말씀하셨다.
"사람의 타고난 성품은 서로 비슷하지만,
배우고 익힘에 따라 서로 달라지고 멀어진다."

子曰: "性相近也, 習相遠也."
자 왈   성 상 근 야   습 상 원 야

가장 어리석은 사람은 변하지 않는다 🔊

공자께서 말씀하셨다.
"가장 지혜로운 사람과 가장 어리석은 사람은
절대로 변하지 않는다."

子曰: "唯上知與下愚不移."
자 왈   유 상 지 여 하 우 불 이

　　타고난 소질에는 별 차이가 없으나 교육, 환경, 학습 등에 의해 사람은
달라집니다. 그러나 분명 뛰어넘을 수 없는 차이는 있습니다. 공자는 이
문장에서 가장 지혜로운 사람과 가장 어리석은 사람은 특히 따라 할 수
없는 차이가 있다고 말하고 있습니다.

다섯 가지를 행하면 그것이 바로 인

자장이 공자에게 인에 대해서 묻자, 공자께서 말씀하셨다.

"천하에 다섯 가지 덕목을 행할 수 있으면 그것이 곧 인이 된다."

"청컨대, 그 내용을 여쭙고 싶습니다."

"공손함, 관대함, 믿음직스러움, 민첩함, 은혜로움이다. 공손하면 업신여김을 당하지 않고, 관대하면 많은 사람의 마음을 얻으며, 믿음직스러우면 사람들이 신임하게 되고, 민첩하면 공을 쌓게 되며, 은혜로우면 다른 사람들을 부릴 수 있게 된다."

子張問仁於孔子, 孔子曰: "能行五者於天下爲仁矣." "請問之."
자 장 문 인 어 공 자   공 자 왈   능 행 오 자 어 천 하 위 인 의   청 문 지

曰: "恭寬信敏惠. 恭則不侮, 寬則得衆, 信則人任焉, 敏則有功,
왈   공 관 신 민 혜   공 즉 불 모   관 즉 득 중   신 즉 인 임 언   민 즉 유 공

惠則足以使人."
혜 즉 족 이 사 인

배우기를 좋아하지 않으면 🐼

공자께서 말씀하셨다.

"유(자로)야, 너는 여섯 가지 덕목과 그에 따른 여섯 가지 폐단에 관해서 들어보았느냐?"

자로가 대답하였다.

"아직 들어보지 못하였습니다."

"거기 앉거라. 내가 네게 말해 주마. 인을 좋아하되 배우기를 좋아하지 않으면 그 폐단으로 어리석게 된다. 지혜로움을 좋아하되 배우기를 좋아하지 않으면 그 폐단으로 허황되게 된다. 신의를 좋아하되 배우기를 좋아하지 않으면 그 폐단으로 남을 해치게 된다. 정직함을 좋아하되 배우기를 좋아하지 않으면 그 폐단으로 각박하게 된다. 용맹을 좋아하되 배우기를 좋아하지 않으면 그 폐단으로 난폭하게 된다. 굳센 것을 좋아하되 배우기를 좋아하지 않으면 그 폐단으로 광기를 부리게 된다."

子曰: "由也. 女聞六言六蔽矣乎?" 對曰: "未也." "居! 吾語女.
자 왈   유야   여문육언륙폐의호   대왈   미야   거 오어녀

好仁不好學, 其蔽也愚; 好知不好學, 其蔽也蕩; 好信不好學,
호인불호학   기폐야우   호지불호학   기폐야탕   호신불호학

其蔽也賊; 好直不好學, 其蔽也絞; 好勇不好學, 其蔽也亂;
기폐야적   호직불호학   기폐야교   호용불호학   기폐야란

好剛不好學, 其蔽也狂."
호강불호학   기폐야광

《시경》을 공부해야 하는 이유 🐼

공자께서 말씀하셨다.

"너희들은 왜 《시경》을 공부하지 않느냐?

《시경》을 배우면 감흥을 불러일으킬 수 있고,

인정과 풍속을 살필 수 있으며,

여러 사람들과 잘 어울릴 수 있고,

사리에 어긋나지 않게 원망할 수 있게 된다.

가까이로는 그것을 본받아 어버이를 섬기고

멀리는 임금을 섬기는 도리를 배울 수 있으며,

또한 새와 짐승과 풀과 나무의 이름에 대해서도 많이 알게 된다."

子曰: "小子何莫學夫詩? 詩可以興, 可以觀, 可以群, 可以怨.
자 왈   소 자 하 막 학 부 시   시 가 이 흥 가 이 관 가 이 군 가 이 원

邇之事父, 遠之事君, 多識於鳥獸草木之名."
이 지 사 부 원 지 사 군 다 식 어 조 수 초 목 지 명

소인배는 도둑과 같다

공자께서 말씀하셨다.

"얼굴빛은 위엄이 있으면서도

속으로는 나약한 사람을 소인배라고 하면,

아마도 마치 벽을 뚫고 담을 뛰어넘는 도둑과 같은 것이리라!"

子曰: "色厲而內荏, 譬諸小人. 其猶穿窬之盜也與!"
자 왈   색 려 이 내 임 비 제 소 인 기 유 천 유 지 도 야 여

해설

벼슬할 자격이 없는 자가 자리에 앉아 있는 것을 비난하는 내용입니다. 여기서 소인배는 겉으로는 믿음직스럽지만 자신의 무능함을 숨기기 위해 항상 마음을 졸일 것입니다. 이는 도둑이 자신의 죄가 탄로날까 봐 두려움에 떨고 있는 것과 같습니다.

위선이 덕을 해친다

공자께서 말씀하셨다.
"시세에 영합하면서 겉으로만 점잖고 성실한 듯이 행동하여
마을 사람들에게 인정받는 사람은 큰 덕을 해치는 도둑이다."

子曰: "鄕原, 德之賊也."
자 왈   향 원 덕 지 적 야

해설

향원鄕原은 매사에 옳고 그름을 분명하게 따지지 않고 시속에 맞추어
두루뭉술하게 살며 온 고을 사람들의 칭송을 받는 사람을 말합니다. 뚜렷
한 가치관이 없고 삶의 태도가 진지하지 않아 위선적인 사람이라는 의미
를 담고 있습니다. 사람은 분명한 원칙을 가지고 선악을 판단하며, 또 그
에 따라 분명한 태도를 취해야 한다고 지적하고 있습니다.

말을 함부로 옮기지 말라 🐼

공자께서 말씀하셨다.
"길에서 들은 이야기를 다시 길에서 이야기하는 것은
덕을 버리는 것과도 같다."

子曰: "道聽而塗說, 德之棄也."
자 왈   도 청 이 도 설   덕 지 기 야

🔖 **해설**

군자는 자신의 주관으로 사리를 분별하여 들은 것을 판단하고 신중하게 말해야 합니다. 길에서 떠도는 말만 듣고 판단 없이 그대로 옮기면 안 된다는 뜻입니다.

비열한 자와 함께해선 안 되는 이유 🐷

공자께서 말씀하셨다.
"비열한 사람과 함께 임금을 섬길 수 있겠는가?
이런 자는 벼슬을 얻기 전에는 얻으려고 근심하며,
벼슬을 얻고 나서는 잃을까 봐 근심한다.
정말 잃게 될까 봐 근심하게 되면 저지르지 못하는 일이 없다."

子曰: "鄙夫可與事君也與哉? 其未得之也, 患得之, 旣得之,
자 왈   비 부 가 여 사 군 야 여 재   기 미 득 지 야   환 득 지   기 득 지
患失之. 苟患失之, 無所不至矣."
환 실 지   구 환 실 지   무 소 부 지 의

하늘이 말하지 않아도
사계절이 바뀌는 것처럼

공자께서 말씀하셨다.

"나는 말을 하지 않으련다."

자공이 말했다.

"선생님께서 말씀을 하시지 않으면 저희들이 어떻게 선생님의 뜻을 전하겠습니까?"

공자께서 말씀하셨다.

"하늘이 무엇을 말하더냐? 사계절이 운행하고 만물이 생겨나지만 하늘이 무엇을 말하더냐?"

子曰: "予欲無言." 子貢曰: "子如不言, 則小子何述焉." 子曰:
자 왈   여 욕 무 언   자 공 왈   자 여 불 언 즉 소 자 하 술 언   자 왈

"天何言哉? 四時行焉, 百物生焉, 天何言哉?"
천 하 언 재   사 시 행 언 백 물 생 언   천 하 언 재

 해설

하늘은 사계절을 운행하고 만물을 자라게 해줍니다. 이렇게 위대한 일을 하면서도 알아주기를 바라지 않습니다. 공자는 사람도 이와 같은 하늘의 섭리를 본받아야 한다고 말합니다. 즉 묵묵히 선행을 펼치고 의미 있는 일을 위해 노력해야 합니다. 이렇게 도道는 말보다는 실천을 통해 구현되는 것입니다.

머리를 쉬게 하지 말라 🐷

공자께서 말씀하셨다.

"하루 종일 배불리 먹고 마음 쓰는 바가 없다면 참으로 딱한 일이다.
장기나 바둑이 있지 않느냐?
차라리 이런 것이라도 하는 것이 아무것도 하지 않는 것보다 낫다."

子曰: "飽食終日, 無所用心, 難矣哉! 不有博奕者乎? 爲之,
자왈　포식종일　무소용심　난의재　불유박혁자호　위지

猶賢乎己."
유현호이

의로움이 으뜸이다 🐷

자로가 물었다.

"군자는 용맹을 숭상합니까?"

공자께서 말씀하셨다.

"군자는 의로움을 으뜸으로 여긴다. 군자가 용맹만 있고 의로움
이 없으면 난을 일으키게 되고, 소인이 용맹만 있고 의로움이 없으
면 도둑질을 하게 된다."

子路曰: "君子尚勇乎?" 子曰: "君子義以爲上,
자로왈　군자상용호　자왈　군자의이위상

君子有勇而無義爲亂, 小人有勇而無義爲盜."
군자유용이무의위란　소인유용이무의위도

군자가 미워하는 것

자공이 물었다.

"군자도 미워하는 것이 있습니까?"

공자께서 말씀하셨다.

"미워하는 것이 있다. 다른 사람의 허물을 떠들어 대는 것을 미워하고, 아랫사람이 윗사람을 비방하는 것을 미워하며, 용맹하지만 예의를 모르는 것을 미워하고, 과감하지만 꽉 막혀 융통성이 없는 것을 미워한다."

子貢曰: "君子亦有惡乎?" 子曰: "有惡. 惡稱人之惡者,
자공왈   군자역유오호   자왈   유오 오칭인지악자

惡居下流而訕上者, 惡勇而無禮者, 惡果敢而窒者."
오거하류이산상자   오용이무례자 오과감이질자

마흔에도 미움을 받는다면 🐼

공자께서 말씀하셨다.
"나이 사십이 되어서도 남에게 미움을 받는다면
그 사람은 끝난 것이다."

子曰 : "年四十而見惡焉, 其終也已."
자 왈   연 사 십 이 견 오 언   기 종 야 이

🔖 **해설**

마흔 살이면 인생의 쓴맛, 단맛을 어지간히 보고, 젊은 날의 객기나 잘
못도 깨달을 수 있는 때입니다. 공자는 이와 같은 삶의 원숙기에 원만하
게 처신하지 못하여 남들에게 미움을 받는다면 그의 삶은 실패라고 말한
것입니다.

제 18 편

미자微子
군신의 의를
어찌 저버리랴

이 편에는 성인이나 현인들에 관한 일화가 많이 나옵니다.
성인이나 현인들의 출사出仕와 은퇴를 기술하면서
공자의 현실 참여와 개혁사상을 부각시키고 있습니다.

빅데이터 시대에 10대가 꼭 알아야 할
논어

세 사람의 인자

미자는 떠나 버렸고, 기자는 노예가 되었으며, 비간은 간하다가
죽었다.

공자께서 말씀하셨다.

"은나라에는 세 명의 인자가 있었다."

微子去之, 箕子爲之奴, 比干諫而死. 孔子曰: "殷有三仁焉."
미 자 거 지 　기 자 위 지 노 　비 간 간 이 사 　공 자 왈 　　은 유 삼 인 언

해설

미자微子는 은나라의 마지막 임금인 주왕紂王의 이복형입니다. 후궁이
었던 주왕의 생모가 정실이 되면서 비록 동생이지만 주왕이 왕위를 이어
받았습니다. 그는 주왕이 무도한 것을 보고 여러 차례 간했으나 소용없자
주나라로 가 버렸습니다. 은나라가 망한 후 주나라 무왕이 그를 송나라의
제후로 봉했습니다.

기자箕子는 주왕의 숙부로, 그의 무도함을 여러 차례 간언하다 주왕의
미움을 사서 겨우 목숨을 건진 뒤 미치광이 행세를 했습니다. 비간比干 역
시 주왕의 숙부로, 주왕의 무도함을 끝까지 간언하다 죽임을 당했습니다.
예부터 성인의 심장에는 일곱 개의 구멍이 있다고 들었다면서 주왕이 그
의 심장을 도려내 죽이는 잔악무도한 짓을 벌였다고 전해집니다.

떠날 이유가 없다 📷

　유하혜는 노나라의 재판관을 하다가 세 번이나 쫓겨났다. 그러자 어떤 사람이 물었다.

　"이런 나라는 떠나 버릴 만하지 않습니까?"

　유하혜가 대답했다.

　"올바른 도리에 따라 남을 섬기는데
　어디에 간들 세 번은 쫓겨나지 않겠소?
　도를 굽혀 남을 섬기려고 한다면
　굳이 부모의 나라를 떠날 필요가 있겠소?"

柳下惠爲士師, 三黜. 人曰: "子未可以去乎?" 曰: "直道而事人,
유 하 혜 위 사 사　삼 출　인 왈　　자 미 가 이 거 호　　　왈　　직 도 이 사 인

焉往而不三黜? 枉道而事人, 何必去父母之邦?"
언 왕 이 불 삼 출　　왕 도 이 사 인　하 필 거 부 모 지 방

군신의 의를 어찌 저버리랴

자로가 말하였다.

"관직에 나가지 않는 것은 의로운 일이 아니다.

어른과 아이 사이의 예절도 버릴 수 없는데,

어찌 임금과 신하 사이의 의를 저버릴 수 있겠는가?

그것은 자신의 몸만 깨끗이 하려다 큰 윤리를 어지럽히는 일이다.

군자가 관직에 나가는 것은 군신의 의를 지키고자 함이다.

다만 바른 도리가 행해지지 않는 줄이야 이미 알고 있었다."

子路曰: "不仕無義. 長幼之節, 不可廢也, 君臣之義,
자 로 왈   불 사 무 의   장 유 지 절   불 가 폐 야   군 신 지 의

如之何其廢之? 欲潔其身, 而亂大倫. 君子之仕也, 行其義也.
여 지 하 기 폐 지   욕 결 기 신   이 란 대 륜   군 자 지 사 야   행 기 의 야

道之不行, 已知之矣."
도 지 불 행   이 지 지 의

해설

  자로는 천하가 혼란한 가운데 자신만 깨끗하다며 은자가 되어 세상을
비웃는 것은 군신의 예를 저버리는 것이라고 보았습니다. 자로는 자신처
럼 지식과 덕을 쌓은 사람이 벼슬자리에 올라 큰 뜻을 실현하는 것이 옳
다고 생각했습니다. 그래서 벼슬하지 않는 은자를 의가 없는 사람이라고
비판한 것입니다.

일곱 사람의 은자

세상을 피해 숨어 산 인재로는 백이·숙제·우중·이일·주장·유하혜와 소련이 있다.

공자께서 말씀하셨다.

"자신의 뜻을 굽히지 않고 몸을 욕되게 하지 않은 사람은 백이와 숙제로다!

유하혜와 소련은 비록 뜻을 굽히고 몸은 욕되게 하였으나 말이 이치에 맞고 행동은 생각과 일치하였으니, 그들은 그렇게 했을 뿐이다.

우중과 이일은 숨어 살면서 하고 싶은 말을 다 하였으나 몸가짐이 깨끗했고 세속을 떠난 것이 시의에 적절하였다.

그러나 나는 이들과 달라서 꼭 해야 할 것도 없고, 해서는 안 될 것도 없다."

逸民, 伯夷·叔齊·虞仲·夷逸·朱張·柳下惠·少連. 子曰:
일민 백이 숙제 우중 이일 주장 유하혜 소련 자왈

"不降其志, 不辱其身, 伯夷·叔齊與! 謂柳下惠·少連降志辱身矣,
불 강 기 지 불 욕 기 신 백이 숙제 여 위 유 하 혜 소 련 강 지 욕 신 의

言中倫, 行中慮, 其斯而已矣; 謂虞仲·夷逸隱居放言, 身中清,
언 중 륜 행 중 려 기 사 이 이 의 위 우 중 이 일 은 거 방 언 신 중 청

廢中權. 我則異於是, 無可無不可."
폐 중 권 아 즉 이 어 시 무 가 무 불 가

이 문장은 덕은 있지만 세속이 싫어 은둔한 위인들에 대한 인물평입니다. 공자는 백이와 숙제는 지조를 지키고 몸을 깨끗이 한 인물로 평했습니다. 유하혜와 소련은 뜻을 굽히며 몸은 더럽혔지만 언행만큼은 최고라고 말했습니다. 우중과 이일은 은둔하면서 제멋대로 망언했지만 적절한 시기에 벼슬을 버렸다고 평했습니다. 하지만 공자는 이들과 달리 도의의 실현을 위하여 벼슬을 하는 것이 더 나은 상황이면 벼슬을 하고, 벼슬을 하는 것이 적절치 않다면 물러나는 것이지, 자신은 고지식하게 원칙을 내세우지 않겠다고 한 것입니다.

군자의 도

주공이 그의 아들 노공에게 말했다.

"군자는 자기의 친족을 소홀히 대하지 않으며,

대신들로 하여금 자신을 써주지 않는다고 원망하지 않게 하고,

오래도록 함께 일해 온 사람은 큰 잘못이 없는 한 버리지 않으며,

한 사람에게 온갖 재능이 다 갖춰져 있기를 바라지 않는다."

周公謂魯公曰: "君子不施其親, 不使大臣怨乎不以. 故舊無大故,
주 공 위 로 공 왈   군 자 불 시 기 친 불 사 대 신 원 호 불 이 고 구 무 대 고

則不棄也. 無求備於一人."
즉 불 기 야 무 구 비 어 일 인

제 19 편

자장子張
널리 배워
뜻을 두텁게 하라

이 편에는 공자의 제자들의 말이 발췌 수록되어 있습니다.
그중 자하子夏에 관한 글이 가장 많습니다.

빅데이터 시대에 10대가 꼭 알아야 할
논어

선비의 자격

자장이 말하였다.

"선비는 위태로움을 보면 자신의 목숨을 바치고,
이익이 되는 일을 보면 도리에 맞는 일인지를 생각해야 한다.
제사를 지낼 때는 자신의 태도가 공경스러운가를 생각하고,
상을 당했을 때는 슬픔을 다하려고 한다면
선비로서의 기본적인 자격을 갖춘 것이다."

子張曰: "士, 見危致命, 見得思義, 祭思敬, 喪思哀, 其可已矣."
자장왈　사　견위치명　견득사의　제사경　상사애　기가이의

덕은 넓게, 도는 두텁게

자장이 말하였다.
"덕을 지녔으나 넓히지 못하고,
도를 믿으나 두텁지 못하다면
무엇으로 덕과 도가 있다고 하겠으며
또 어찌 없다고 하겠는가?"

子張曰: "執德不弘, 信道不篤, 焉能爲有? 焉能爲亡?"
자 장 왈   집 덕 불 홍   신 도 부 독   언 능 위 유   언 능 위 무

해설

이 문장은 지켜야 할 덕은 가능한 넓게 하고, 도를 수양했다면 철저하게 믿어야 한다는 것입니다. 그런데 덕이나 도가 실제로 나타나지 않는다면 지녔다고 할 수 없습니다. 그렇기 때문에 그것에 대한 유무나 경중을 논할 가치가 없다는 것입니다.

관용으로 사람을 대하라 🐼

자장이 말하였다.

"군자는 현명한 사람을 존중하지만 일반 대중들도 포용하며,

선한 사람을 칭찬하지만 능력이 없는 사람도 불쌍하게 여긴다.

만약 내가 크게 현명하면

어찌 사람들을 다 포용하지 못하겠는가?

내가 만일 현명하지 못하다면

다른 사람이 먼저 나를 멀리할 것인데,

어찌 다른 사람을 멀리할 수 있겠는가?"

子張曰: "君子尊賢而容衆, 嘉善而矜不能. 我之大賢與,
자 장 왈   군 자 존 현 이 용 중   가 선 이 긍 불 능   아 지 대 현 여

於人何所不容? 我之不賢與, 人將拒我, 如之何其拒人也?"
어 인 하 소 불 용   아 지 불 현 여   인 장 거 아   여 지 하 기 거 인 야

군자가 잡기를 하지 않는 이유

자하가 말하였다.

"비록 작은 기예일지라도

거기에는 반드시 볼 만한 것이 있겠지만,

원대한 뜻을 이루는 데 방해가 될 수 있으니

군자는 그런 것들을 하지 않는다."

子夏曰: "雖小道, 必有可觀者焉, 致遠恐泥, 是以君子不爲也."
자 하 왈   수 소 도   필 유 가 관 자 언   치 원 공 니   시 이 군 자 불 위 야

날마다 모르는 것을 알아 가고
달마다 할 수 있는 바를 잊지 않는다

자하가 말하였다.
"날마다 자신이 알지 못하던 것을 알게 되고,
달마다 자신이 할 수 있던 것을 잊지 않는다면
가히 배우기를 좋아한다고 할 수 있다."

子夏曰: "日知其所亡, 月無忘其所能, 可謂好學也已矣."
자 하 왈   일 지 기 소 무   월 무 망 기 소 능   가 위 호 학 야 이 의

🔖해설

끊임없이 새로운 것을 배우고, 알고 있던 것도 반복하여 익히는 것이야
말로 진정한 배움의 자세입니다.

널리 배우고 간절히 물어라 🐼

자하가 말하였다.
"널리 배우되 뜻을 두텁게 하고,
간절히 묻되 가까운 것부터 생각한다면
인은 그 가운데 있게 될 것이다."

子夏曰: "博學而篤志, 切問而近思, 仁在其中矣."
자 하 왈　　박 학 이 독 지　절 문 이 근 사　인 재 기 중 의

저마다의 할 일이 있다 🐼

자하가 말하였다.
"모든 장인은 작업장에서 열심히 일해 성취하고,
군자는 학문을 가지고 도를 실천한다."

子夏曰: "百工居肆以成其事, 君子學以致其道."
자 하 왈　　백 공 거 사 이 성 기 사　군 자 학 이 치 기 도

소인은 변명거리부터 찾는다

자하가 말하였다.
"소인은 잘못을 저지르면 반드시 변명한다."

子夏曰: "小人之過也必文."
자 하 왈   소 인 지 과 야 필 문

해설

사람은 누구나 잘못을 저지르게 마련입니다. 중요한 것은 그것을 뉘우
치고 고치려 하는 자세입니다. 하지만 소인은 잘못을 반성하기는커녕 속
임수와 변명으로 일관합니다. 이래서는 아무 발전이 없습니다. 모름지기
사람은 허물을 고치려 노력하는 가운데 인격을 도야합니다.

군자의 세 가지 면모

자하가 말하였다.
"군자에게는 세 가지 다른 면이 있다.
멀리서 바라보면 위엄이 있고,
가까이 대해 보면 온화하며,
그의 말을 들어 보면 옳고 그름이 명확하다."

子夏曰: "君子有三變: 望之儼然, 卽之也溫, 聽其言也厲."
자 하 왈   군 자 유 삼 변   망 지 엄 연   즉 지 야 온   청 기 언 야 려

신뢰가 먼저다 🔊

자하가 말하였다.

"군자는 백성들의 신뢰를 얻은 후에 부려야 한다.

신뢰를 얻지 못한 상태에서

백성들을 부리려고 하면 학대한다고 생각한다.

윗사람에게는 신임을 얻은 후 간언을 해야 한다.

신임을 받지 못한 상태에서

간언하면 비방한다고 생각한다."

子夏曰: "君子, 信而後勞其民, 未信則以爲厲己也; 信而後諫,
자 하 왈   군 자   신 이 후 로 기 민   미 신 즉 이 위 려 기 야   신 이 후 간

未信則以爲謗己也."
미 신 즉 이 위 방 기 야

큰 덕, 작은 덕 🐼

자하가 말하였다.
"큰 덕의 울타리를 넘지 않으면
사소한 덕은 융통성 있게 해도 괜찮다."

子夏曰: "大德不踰閑, 小德出入可也."
자 하 왈   대 덕 불 유 한   소 덕 출 입 가 야

평생 놓지 말아야 할 것, 학문 🐼

자하가 말하였다.
"벼슬을 하면서 여유가 있으면 학문을 닦고,
학문을 닦으면서 여유가 있으면 벼슬을 한다."

子夏曰: "仕而優則學, 學而優則仕."
자 하 왈   사 이 우 즉 학   학 이 우 즉 사

 해설

학문을 닦아 실생활에 적용하는 일은 꼭 필요합니다. 따라서 벼슬에 나아가기 전에 학문을 닦고 벼슬에 종사하는 동안에도 학문을 놓지 말아야 합니다.

상례는 슬픔을 다하라

자유가 말하였다.
"상을 당하면 슬픔을 다하면 된다."

子游曰: "喪致乎哀而止."
자 유 왈   상 치 호 애 이 지

자장의 부족함

증자가 말하였다.
"당당하구나, 자장은!
그러나 그와 함께 인을 실천하기는 어렵겠구나."

曾子曰: "堂堂乎張也! 難與並爲仁矣."
증 자 왈   당 당 호 장 야   난 여 병 위 인 의

해설

　자장은 용모와 풍채가 매우 훌륭하고 대장부답지만 외모를 꾸미기 좋아하고 수양이 부족해 순수하지 못했습니다. 이를 선배 증자가 걱정하며 하는 말입니다.

부모의 상은 지극정성으로 🔊

증자가 말하였다.
"내가 선생님께 들으니,
사람은 스스로 정성을 다하지 못하는 경우가 있지만
부모의 상을 당하여서만은
반드시 자신의 정성을 다해야 한다고 하셨다."

曾子曰: "吾聞諸夫子: 人未有自致者也, 必也親喪乎."
증 자 왈   오 문 저 부 자   인 미 유 자 치 자 야   필 야 친 상 호

군자의 잘못은 일식, 월식과 같으니 🔊

자공이 말하였다.
"군자의 잘못은 일식이나 월식과 같다.
잘못을 저지르면 사람들이 모두 그를 바라보고,
잘못을 고치면 사람들이 모두 우러러본다."

子貢曰: "君子之過也, 如日月之食焉. 過也, 人皆見之;
자 공 왈   군 자 지 과 야   여 일 월 지 식 언   과 야   인 개 견 지
更也, 人皆仰之."
경 야   인 개 앙 지

제20편

요왈堯曰
민심이 있는 곳에
천심이 있다

《논어》의 마지막 편으로 그 체제가 매우 특이합니다.
공자나 제자들의 말을 발췌한 다른 편과는 달리
《논어》를 총괄하려는 의도에서 편찬된 것으로 보입니다.

빅데이터 시대에 10대가 꼭 알아야 할
논어

민심을 얻어야 천하를 얻는다 ☯

요임금이 순임금에게 왕위를 물려줄 때 말하였다.

"아! 그대, 순이여! 하늘의 정해진 뜻이 그대에게 있으니 진실로 중용의 도를 지키도록 하여라. 온 세상의 백성들이 곤궁해지면 하늘이 너에게 내리는 복록도 영원히 끊어질 것이다."

순임금도 이 말을 우임금에게 일러 주었다. 탕 임금은 말했다.

"변변치 못한 제가 감히 검은 황소를 제물로 바치며 위대하신 천자께 아뢰옵니다. 죄 있는 자를 용서하지 않겠으며, 천제의 신하 중 어진 이는 버려 두지 않을 것이나, 그들을 가려냄은 오로지 천제의 뜻에 달려 있습니다. 제 몸에 죄가 있다면 그것은 세상의 백성들과는 상관이 없으나, 세상의 백성들에게 죄가 있다면 그 죄는 저에게 있는 것입니다."

주나라에서 크게 은혜가 베풀어져, 착한 사람들이 부유해졌다.

무왕이 말했다.

"비록 가까운 친척이 있더라도 어진 사람이 있는 것만은 못하다. 또한 백성에게 허물이 있다면 그 책임은 나 한 사람에게 있는 것이다."

무왕은 도량형을 신중하게 바로잡고, 법도를 점검하고 폐지한 관직들을 정비하여, 사방의 정사가 잘 시행되도록 하였으며 멸망했던 나라들을 부흥시키고 끊어진 대를 다시 이어 주었으며 초야에 묻힌 숨은 인재들을 찾아 등용하였으므로 천하의 민심이 그에게로 돌아갔다.

그가 소중히 여긴 것은 백성과 식량과 상사喪事와 제사였다. 관대하게 대하면 많은 사람들을 얻게 되고, 신의가 있으면 백성들이 믿고 따르게 된다. 행동이 민첩하면 공을 이루게 되고 공평하면 백성들이 기뻐하게 된다.

堯曰: "咨! 爾舜! 天之曆數在爾躬, 允執其中. 四海困窮,
요왈　자　이순　천지역수재이궁　윤집기중．사해곤궁

天祿永終." 舜亦以命禹. 曰: "予小子履, 敢用玄牡,
천록영종　순역이명우．왈　여소자리　감용현모

敢昭告于皇皇后帝: 有罪不敢赦. 帝臣不蔽, 簡在帝心.
감소고우황황후제．유죄불감사．제신불폐．간재제심

朕躬有罪, 無以萬方; 萬方有罪, 罪在朕躬." 周有大賚, 善人是富.
짐궁유죄　무이만방　만방유죄　죄재짐궁　주유대뢰　선인시부

"雖有周親, 不如仁人. 百姓有過, 在予一人." 謹權量, 審法度,
수유주친　불여인인．백성유과　재여일인　근권량　심법도

修廢官, 四方之政行焉. 興滅國, 繼絶世, 擧逸民, 天下之民歸心焉.
수폐관　사방지정행언．흥멸국　계절세　거일민　천하지민귀심언

所重民食喪祭. 寬則得衆, 信則民任焉, 敏則有功, 公則說.
소중민식상제．관즉득중　신즉민임언　민즉유공　공즉열

다섯 가지 미덕과 네 가지 악덕 🪷

자장이 공자께 물었다.

"어떻게 하면 바른 정치에 종사할 수 있습니까?"

공자께서 말씀하셨다.

"다섯 가지의 미덕을 존중하고, 네 가지 악덕을 물리치면 바른 정치에 종사할 수 있다."

자장이 물었다.

"다섯 가지 미덕이란 무엇입니까?"

공자께서 말씀하셨다.

"군자는 백성들에게 은혜를 베풀면서도 낭비하지 않고, 수고롭게 일을 시키면서도 원망을 사지 않으며, 뜻을 이루고자 하면서도 탐욕을 부리지 않고, 너그러우면서도 교만하지 않으며, 위엄이 있으면서도 사납지 않은 것이다."

자장이 물었다.

"어떤 것을 가리켜 은혜를 베풀되 낭비하지 않는다고 합니까?"

공자께서 말씀하셨다.

"백성들에게 이롭다고 여기는 바로 그들을 이롭게 한다면, 이것이 곧 은혜를 베풀되 낭비하지 않는 것 아니겠느냐? 또한 부려도 될 만한 일을 택하여 부린다면 그 누가 원망하겠느냐? 인을 실현하고자 하여 인을 이룬다면 어찌 탐욕스럽다 하겠느냐? 사람이 많든 적든, 또한 권세가 크든 작든 감히 소홀히 하지 않는다면, 이것이 곧 너그럽되 교만하지 않은 것이 아니겠느냐? 군자가 의관을 바르게 하고 태도를 위엄 있게 하여 사람들이 그를 어려워한다면 이것이 곧 위엄은 있으되 사납지 않은 것이 아니겠느냐?"

자장이 또 물었다.

"그러면 무엇을 네 가지 악덕이라고 합니까?"

공자께서 말씀하셨다.

"백성을 가르쳐 주지도 않고서 잘못했다고 죽이는 것을 잔학하다고 하고, 미리 주의를 주지 않고 결과만 보고 판단하는 것을 포악하다고 하며, 명령을 내리는 것은 태만히 하면서 기일만 재촉하는 것을 일을 그르치는 짓이라 하고, 사람들에게 고르게 나누어 주어야 함에도 출납에 인색한 것을 옹졸한 벼슬아치라 하는데, 이것이 네 가지 악덕이다."

子張問於孔子曰: "何如斯可以從政矣?"
자 장 문 어 공 자 왈   하 여 사 가 이 종 정 의

子曰: "尊五美, 屛四惡, 斯可以從政矣." 子張曰: "何謂五美?"
자 왈   존 오 미 병 사 악 사 가 이 종 정 의   자 장 왈   하 위 오 미

子曰: "君子惠而不費, 勞而不怨, 欲而不貪, 泰而不驕,
자 왈   군 자 혜 이 불 비 노 이 불 원 욕 이 불 탐 태 이 불 교

威而不猛." 子張曰: "何謂惠而不費?" 子曰: "因民之所利而利之,
위 이 불 맹   자 장 왈   하 위 혜 이 불 비   자 왈   인 민 지 소 리 이 리 지

斯不亦惠而不費乎? 擇可勞而勞之, 又誰怨? 欲仁而得仁,
사 불 역 혜 이 불 비 호   택 가 로 이 로 지   우 수 원   욕 인 이 득 인

又焉貪? 君子無衆寡, 無小大, 無敢慢, 斯不亦泰而不驕乎?
우 언 탐   군 자 무 중 과 무 소 대 무 감 만 사 불 역 태 이 불 교 호

君子正其衣冠, 尊其瞻視, 儼然人望而畏之, 斯不亦威而不猛乎?"
군 자 정 기 의 관 존 기 첨 시 엄 연 인 망 이 외 지 사 불 역 위 이 불 맹 호

子張曰: "何謂四惡?" 子曰: "不教而殺謂之虐; 不戒視成謂之暴;
자 장 왈   하 위 사 악   자 왈   불 교 이 살 위 지 학 불 계 시 성 위 지 포

慢令致期謂之賊; 猶之與人也, 出納之吝, 謂之有司."
만 령 치 기 위 지 적 유 지 여 인 야 출 납 지 린 위 지 유 사

군자의 세 가지 요건 🐼

공자께서 말씀하셨다.
"천명을 모르면 군자가 될 수 없고,
예를 모르면 세상에 나설 수 없으며,
말을 모르면 사람을 다스릴 수 없다."

子曰: "不知命, 無以爲君子也; 不知禮, 無以立也; 不知言,
자 왈   부 지 명 무 이 위 군 자 야 부 지 례 무 이 립 야 부 지 언

無以知人也."
무 이 지 인 야

해설

　공자는 군자가 갖추어야 할 세 가지 요건으로 지명知命과 지례知禮와 지언知言을 들고 있습니다. 지명은 만물을 창조하고 다스리는 하늘의 의지를 이해함을 뜻합니다. 예는 사회 질서와 인간 윤리의 규범이고, 지례는 질서와 규범을 받아들여 잘 지킨다는 말입니다. 지언은 대화를 통해 사람의 됨됨이를 파악하여 슬기롭게 대처해야 한다는 뜻입니다.